Manual
Bíblico

REFERENCIAS DE BOLSILLO CARIBE

Manual Bíblico

Incluye bosquejos, tablas
de datos y tablas cronológicas

•

Resume cada uno
de los libros de la Biblia

CARIBE

© 2002 Editorial Caribe
Una división de Thomas Nelson, Inc.
Nashville, TN—Miami, FL EE.UU.
www.caribebetania.com

Título en inglés: *Nelson's Pocket Reference Series: Bible Handbook*
© 1995 Thomas Nelson, Inc.
Publicado por Thomas Nelson, Inc.

Traductor: Pedro Vega

ISBN: 0-89922-624-8

Impreso en EE.UU.
Printed in U.S.A.

Contenido

◆

SEGUNDA PARTE
EL NUEVO TESTAMENTO

Prefacio

◆

Acudiendo Felipe, le oyó que leía al profeta Isaías, y dijo:
Pero ¿entiendes lo que lees?
Él dijo: ¿Y cómo podré, si alguno no me enseñare?
—Hechos 8.30-31

MUCHAS personas leerían más regular y provechosamente la Biblia si, como el funcionario etíope que Felipe encontró, tuvieran a alguien que las dirigiera. Este libro que tiene en sus manos le ofrece sin reservas sus servicios como tutor a nivel personal. Es una breve, directa y manuable guía para sus lecturas de la Biblia. Como una guía de viajeros ideal, ofrece suficiente información, además de una generosa salpicada de datos y señalamientos que no permitirán que usted pase por alto las cuestiones más importantes. Tras hacerlo, se retira un poco para que usted pueda disfrutar una lectura de primera mano, sin una exageración de comentarios que puede atiborrarlo de opiniones ajenas.

Usted puede utilizar este manual bíblico en la forma que desee. Una sería leer la sección correspondiente al libro de la Biblia que va a leer. Lea la sección «Claves de» de ese libro, y hallará un brevísimo panorama del libro. Esto lo orientará en cuanto a qué esperar del libro. Las tablas cronológicas* y los «marcos históricos» ofrecen una idea de cuándo y por qué se escribió el libro. Las secciones «Contribución Teológica» y «Consideración Especial» señalan puntos importantes que los creyentes han apreciado a través de los siglos. El «panorama gráfico» es una tabla de página completa del libro. Junto con los detallados bosquejos, estas tablas ayudan a visualizar las principales partes del libro y cómo encajan para formar un todo.

Cuando haya leído este libro, estará bien orientado para realizar su propia exploración de la Biblia. Al leerla, tenga este manual bíblico a mano. Las tablas y los bosquejos lo seguirán guiando.

Oramos que su exploración de la Biblia, guiada por el Espíritu Santo y este libro que ponemos en sus manos, le ayudará a entender cada día más la revelación de Dios en las Escrituras.

*Las tablas cronológicas a veces ofrecen fechas aproximadas y no están siempre en escala para poder incluir fechas clave que ayuden al lector a ver los hechos bíblicos en una perspectiva mayor.

Introducción

◆

La fascinante historia del Libro de los libros

El sagrado libro conocido como la Santa Biblia es aceptado por la Iglesia como inspirado únicamente por Dios y por esto tiene autoridad, y provee directrices para la fe y la conducta.

Divisiones principales

La Biblia se divide en dos grandes secciones conocidas como Antiguo y Nuevo Testamentos. El Antiguo Testamento cuenta los preparativos hechos para la venida de Cristo. El Nuevo Testamento narra sobre su venida, vida y ministerio, y el crecimiento de la iglesia primitiva.

La palabra *testamento* normalmente se refiere a la voluntad de una persona, el documento que traspasa una propiedad a quienes la heredarán luego de la muerte del dueño. Pero el sentido de testamento en el hebreo y el griego es «convenio», «tratado», o «pacto». De estas tres palabras, «pacto» es la que mejor capta el sentido de la palabra *testamento*. Por lo tanto, las dos colecciones que forman la Biblia se pueden describir mejor como los libros del antiguo pacto y los libros del nuevo pacto.

El antiguo pacto fue sellado en el Monte Sinaí en los días de Moisés. Según este pacto, el Dios vivo y verdadero, que había liberado a los israelitas de la esclavitud en Egipto, prometió bendecirles como su pueblo especial. Ellos tenían que adorarlo solo a Él como su Dios y aceptar su ley como su norma de vida (Éx 19.3-6; 24.3-8).

Jesús anunció el nuevo pacto cuando habló con sus discípulos en el aposento alto en Jerusalén la noche antes de su muerte.

Cuando les sirvió la copa de vino, Jesús declaró que simbolizaba «el nuevo pacto en mi sangre» (Lc 22.20; 1 Co 11.25).

Aunque estos dos pactos —el antiguo y el nuevo— comenzaron grandes movimientos espirituales, los cristianos creen que estos movimientos son realmente dos fases de un gran acto en el que Dios reveló su voluntad a su pueblo y pidió una respuesta positiva. El segundo pacto es el cumplimiento de lo que prometió en el primero.

Autoridad de la Biblia

La autoridad de la Biblia está implícita en su título: «La Palabra de Dios». Es el registro escrito de la Palabra de Dios dada por medio de profetas, apóstoles y otros portavoces, y que se «hizo carne» en Jesucristo. Los cristianos creen en Jesucristo como el Verbo de Dios en un sentido único. A través de Jesús, Dios le comunicó a la humanidad la perfecta revelación de sí mismo. Para los cristianos la autoridad de la Biblia se relaciona con la autoridad de Cristo. El Antiguo Testamento fue la Biblia que Jesús usó, la autoridad a la cual hizo una referencia constante y cuyas enseñanzas aceptó y siguió.

Revelación y respuesta

Según la Biblia, Dios se dio a conocer en una variedad de formas: «Los cielos cuentan la gloria de Dios» (Sal 19.1). Aunque Dios se revela en la creación y por medio de la voz interior en la conciencia humana, los principales medios por los que se ha dado a conocer son la Biblia y Jesucristo, su palabra viva.

Dios se ha revelado por medio de sus actos poderosos y en las palabras que dio a sus mensajeros o portavoces. Cualquiera de estas formas está incompleta sin la otra. En los escritos del Antiguo Testamento, no se enfatiza más otro acto poderoso de Dios que el exilio: la liberación de los israelitas de la esclavitud en Egipto. Al liberar a su pueblo, Dios repetidas veces se identifica como su Dios redentor. «Yo soy Jehová tu Dios, que te saqué de la tierra de

Egipto, de casa de servidumbre. No tendrás dioses ajenos delante de mí» (Éx 20.2-3).

Si los hubiera liberado sin explicaciones, la nación de Israel hubiera aprendido poco acerca del Dios que redimió a su pueblo. Podrían haber pensado que en sucesos tales como las plagas de Egipto y la separación de las aguas del Mar Rojo, algún poder sobrenatural había obrado a su favor. Pero no habrían conocido la naturaleza del poder divino ni el propósito de Dios para ellos como pueblo.

Dios también se comunicó con su pueblo, la nación de Israel, por medio de Moisés, a quien ya se había dado a conocer en la visión de la zarza ardiente. Dios ordenó a Moisés que dijera a los israelitas lo que le había sido revelado. No era una fuerza impersonal en acción, sino a través del Dios de sus antepasados: Abraham, Isaac y Jacob. En cumplimiento de sus promesas, Dios iba a actuar en favor de sus descendientes.

Al comunicarse con su pueblo, Dios reveló su identidad y su propósito. Su propósito era hacer de los israelitas una nación dedicada solo a su servicio. Este mensaje, transmitido a los israelitas por medio de Moisés, hubiera sido ineficaz si Dios no los hubiera liberado personalmente. Por otra parte, la liberación que les dio el Señor no hubiera tenido sentido sin el mensaje. Ambas cosas constituyeron la Palabra de Dios a los israelitas, el mensaje salvador de un Dios que habla y actúa.

Además de la revelación de Dios por medio de la Biblia, la Palabra de Dios registra la *respuesta* de aquellos a quienes se les dio la revelación. Con mucha frecuencia la respuesta fue incredulidad y desobediencia. Pero en otras ocasiones, el pueblo respondió con fe y obediencia. Los Salmos proclaman especialmente la respuesta agradecida de hombres y mujeres que experimentaron la gracia y la justicia de Dios.

En los escritos del Nuevo Testamento, la revelación y la respuesta se funden en la persona de Jesucristo. Por una parte, Jesús era la revelación perfecta de Dios. Era el Verbo divino en forma humana. Sus obras de misericordia y poder retratan a Dios en acción, especialmente en su acto supremo de sacrificio para hacer posible la «redención que es en Cristo Jesús» (Ro 3.24). Su enseñanza expresaba el pensamiento de Dios.

Las palabras y hechos de Jesús proclamaron el significado y propósito de sus obras. Por ejemplo, el hecho de expulsar demonios «con el dedo de Dios» (Lc 11.20) era una señal de que el Reino de Dios había llegado. Además, declaró que su muerte, la cual Él interpretó como el cumplimiento de la Escritura profética (Mc 14.49) fue «en rescate por muchos» (Mc 10.45). Además de esto, Jesús ilustró en su vida y ministerio, la perfecta respuesta humana de fe y obediencia a Dios. Jesús fue «el apóstol (mensajero de Dios ante nosotros) y sumo sacerdote (nuestro representante ante Dios) de nuestra profesión» (Heb 3.1). Jesús, pues, realizó los poderosos actos de Dios y habló con autoridad como mensajero y profeta de Dios.

Preservación de la Biblia

La Biblia es un registro escrito y con autoridad por el cual se debe juzgar toda enseñanza y teoría. Pero detrás de estos escritos existe un período cuando estos mensajes pudieron haber circulado en forma oral. Las historias de los patriarcas (Abraham, Isaac, Jacob y los doce hijos de Jacob) pudieron haber pasado de generación en generación en forma oral antes de ser escritas. Los mensajes de los profetas fueron proclamados oralmente antes que quedaran fijos en su forma escrita. Los relatos de la vida y ministerio de Cristo fueron repetidos oralmente durante dos o más décadas antes que se les diera forma literaria. Pero la Biblia debe su preservación al hecho de que todos estos relatos orales fueron finalmente escritos. Así como Dios inspiró originalmente la Biblia, usó este medio para preservar su Palabra para las generaciones futuras.

Ninguno de los documentos bíblicos originales —a los que los especialistas se refieren como «autógrafos originales»— ha sobrevivido. No se ha descubierto ni siquiera un fragmento de pergamino o papiro manuscrito con la letra de algún autor bíblico. Pero los documentos originales fueron copiados antes de su desaparición. Estas copias de los escritos originales son los textos en que se han basado las versiones actuales de la Biblia.

El proceso de copiar y volver a copiar la Biblia ha continuado hasta nuestros tiempos. Hasta mediados del siglo XV d.C. toda copia se hacía a mano. Luego, con la invención de la imprenta en Europa, se pudo reproducir en mayores cantidades. Con el antiguo sistema, cada copia de la Biblia se producía con mucha lentitud, pero el uso de la imprenta permitió la producción de millares de copias en corto tiempo. Esto hizo que las Escrituras se hicieran accesibles a mucha gente, en lugar de que solo unas pocas personas pudieran adquirir copias manuscritas.

El canon de la Biblia

La palabra *canon* significa «vara», una vara con marcas graduadas para medir longitud. Desde el siglo IV d.C., la palabra *canon* se ha usado para designar la lista de los libros oficialmente reconocidos por la Iglesia como la Santa Biblia. Cada libro del canon se considera con autoridad, pero no todo libro con autoridad estaba en el canon. Desde los primeros tiempos, los cristianos han reconocido todo el Antiguo Testamento como su Biblia. Los católicos romanos ven el canon como una importante fuente de autoridad junto con la tradición de la Iglesia. El cristianismo protestante y evangélico considera el canon como la única autoridad.

Aún existen diferencias en el orden y contenido del Antiguo Testamento. Las Biblias católicas y protestantes siguen el orden de la Vulgata, versión latina del 400 d.C. Sin embargo, el número de libros de la Biblia protestante sigue a la Biblia hebrea, mientras la Biblia que usa la Iglesia Católica Romana, Griega y Rusa Ortodoxa siguen el contenido de la Vulgata e incluyen libros adicionales conocidos como apócrifos o deuterocanónicos.

La «Biblia» que usó Jesús fue el Antiguo Testamento hebreo.

Nunca dijo que se formara una nueva colección de escritos con autoridad que acompañaran a los libros que Él y sus discípulos aceptaron como la Palabra de Dios. El Antiguo Testamento fue también la Biblia de la iglesia primitiva, pero fue el Antiguo Testamento según lo cumplió Jesús. Los cristianos primitivos interpretaban el Antiguo Testamento a la luz de la persona y obra de Jesucristo. Esta nueva perspectiva controlaba la interpretación a tal grado que, aunque judíos y cristianos tenían la misma Biblia, la interpretaban en forma tan diferente que parecía que usaban dos Biblias distintas.

Desde los inicios de su historia, la Iglesia sintió la necesidad de una narración escrita de las enseñanzas de Jesús. Sus enseñanzas sentaron el fundamento para la nueva forma de vida cristiana. Pero la Iglesia creció tanto que muchos convertidos no tenían acceso a las instrucciones de quienes oyeron y memorizaron las enseñanzas de Jesús. A partir del 50 d.C., en la Iglesia circulaba más de una colección escrita de dichos de Jesús. El Evangelio más antiguo parece haber sido el Evangelio de Marcos, escrito en la década del 60.

Los primeros cristianos siguieron aceptando la autoridad del Antiguo Testamento. Sin embargo, solo lo podían interpretar a la luz de los hechos y palabras de Jesús si tenían un registro confiable de ellos. Por esto, junto con Moisés y los profetas, mantuvieron estos primeros escritos acerca de Jesús y las cartas de los apóstoles, quienes habían conocido a Jesús en persona.

Cuando los oficiales de la iglesia primitiva trataron de hacer una lista de libros acerca de Jesús y la iglesia primitiva que consideraban con autoridad, conservaron el Antiguo Testamento. A estos libros añadieron los escritos de la nueva era: cuatro Evangelios o biografías sobre la vida y ministerio de Jesús, trece cartas de Pablo, y cartas de otros apóstoles y sus compañeros. La colección de Evangelios y la colección apostólica las unieron a través del libro de los Hechos, que sirvió como secuela de los Evangelios y como antecedente narrativo para las primeras epístolas.

El criterio principal aplicado a los libros era que debían ser escritos por un apóstol o alguien muy cercano a los apóstoles. Con esto se buscó que el escrito acerca de Jesús y la iglesia primitiva tuviera la autoridad de un testigo ocular. En cuanto a la primera fase de la existencia de la Iglesia, la «doctrina de los apóstoles» (Hch 2.42) era la base de su vida y pensamiento. Los escritos apostólicos formaron la constitución o documentos fundamentales de la Iglesia.

Las versiones castellanas de la Biblia

La primera Biblia completa en castellano apareció en Basilea en 1569, traducida por el español Casiodoro de Reina. Agotada la primera edición, Cipriano de Valera la revisó cuidadosamente y volvió a publicarse en 1602. Tras varias revisiones adicionales, bajo los auspicios de las Sociedades Bíblicas, la última publicada en 1995, sigue circulando ampliamente en el mundo de habla castellana bajo el nombre de Biblia Reina-Valera. En 1793 se publicó la primera Biblia católica romana, la de Scío de San Miguel, traducida de la Vulgata (versión en latín preparada por Jerónimo a fines del siglo cuarto). En 1823 apareció en Barcelona la de Félix Torres Amat, también traducida de la Vulgata y un tanto parafraseada. En años recientes han aparecido numerosas traducciones católicas, como la Biblia de Jerusalén (1967) y Biblia para Latinoamérica (1971).

En el campo protestante también han aparecido nuevas versiones, como la Versión Popular (1966), la Biblia al Día (1973, paráfrasis) y la Nueva Versión Internacional (1999).

Detrás de la Biblia hay una emocionante historia sobre cómo Dios se reveló a sí mismo y su voluntad a portavoces humanos y luego actuó a lo largo de la historia para preservar su Palabra y transmitirla a las futuras generaciones. El proceso de canonización, preservación y traducción muestra que Dios aún está involucrado en dar a conocer su verdad profética y en llamar a su pueblo a la fe y obediencia. Como dijo el profeta Isaías: «Sécase la

hierba, marchítase la flor; mas la palabra del Dios nuestro permanece para siempre» (Is 40.8).

PRIMERA PARTE

◆

EL ANTIGUO TESTAMENTO

EL título «Antiguo Testamento» aparentemente viene de los escritos del apóstol Pablo, que declara «hasta el día de hoy, cuando leen el antiguo pacto, les queda el mismo velo no descubierto, el cual por Cristo es quitado» (2 Co 3.14).

La palabra «testamento» es la que la versión RVR 60 traduce muy bien como «pacto». Dios llamó a un pueblo, la nación de Israel, para vivir en pacto con Él. El Antiguo Testamento comienza con la creación del universo y continúa describiendo las poderosas obras de Dios en su pueblo y por medio de Él. Termina aproximadamente cuatrocientos años antes de la venida de Jesucristo.

Los treinta y nueve libros del Antiguo Testamento fueron escritos en un período de varios siglos en idioma hebreo, excepto varios pasajes selectos escritos en arameo.

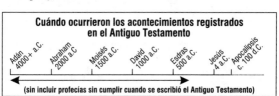

Cuándo ocurrieron los acontecimientos registrados en el Antiguo Testamento

Adán 4000+ a.C. — Abraham 2000 a.C — Moisés 1500 a.C. — David 1000 a.C. — Esdras 500 a.C. — Jesús 4 a.C. — Apocalipsis c. 100 d.C.

(sin incluir profecías sin cumplir cuando se escribió el Antiguo Testamento)

UNO

LIBROS DE LA LEY

◆

LOS primeros cinco libros del Antiguo Testamento se llaman Libros de la Ley o Pentateuco, palabra griega que significa «cinco volúmenes». El nombre en hebreo de esta colección es Torah, que significa «instrucción, enseñanza o doctrina».

LIBROS DE LA LEY

LIBRO	RESUMEN
Génesis	Creación y establecimiento de las relaciones del pacto
Éxodo	Liberación del pueblo de Israel de su esclavitud en Egipto
Levítico	La ley ceremonial
Números	Peregrinaciones del pueblo de Israel por el desierto
Deuteronomio	Segunda promulgación de la ley, por Moisés, antes que el pueblo entrase a ocupar la tierra prometida

---

Cuándo ocurrieron los acontecimientos registrados en los libros de la ley

Adán 4000+ a.C. — Abraham 2000 a.C. — Moisés — David 1000 a.C. — Esdras 500 a.C. — Jesús 4 a.C. — Apocalipsis c. 100 d.C.

(sin incluir profecías sin cumplir cuando se escribieron estos libros)

Libro de Génesis

◆

CLAVES DE GÉNESIS

Palabra clave: *Comienzos*

Génesis presenta los comienzos de casi cada cosa. Este libro incluye el comienzo del universo, la vida, la humanidad, el reposo, la muerte, el matrimonio, el pecado, la redención, la familia, la literatura, las ciudades, el arte, los idiomas y los sacrificios.

Versículos clave: *Génesis 3.15; 12.3*

Capítulo clave: *Génesis 15*

Fundamental en toda la Escritura es el pacto con Abraham, que se da en 12.1-3 y es ratificado en 15.1-21. Israel recibe tres promesas específicas: (1) *la promesa de una gran tierra:* «desde el río de Egipto hasta el río grande, el río Eufrates» (15.18); (2) *la promesa de ser una gran nación:* «Y haré tu descendencia como el polvo de la tierra» (13.16); y (3) *la promesa de una gran bendición:* «Y haré de ti una nación grande, y te bendeciré, y engrandeceré tu nombre, y serás bendición» (12.2).

◆

Autor y fecha

El libro de Génesis no menciona su autor. Sin embargo, la iglesia primitiva estaba convencida de que Moisés fue el autor del libro, al igual que el Talmud de Jerusalén y el historiador judío del primer siglo, Josefo. A pesar de la cantidad de eruditos modernos que rechazan a Moisés como autor de Génesis, el punto de vista tradicional tiene mucho a su favor. El Antiguo Testamento y el Nuevo Testamento contienen frecuentes testimonios en favor de

Moisés como autor de todo el Pentateuco (Lv 1.1-2; Neh 13.1; Mt 8.4; Hch 26.22).

Marco histórico

Puede ser que Moisés haya terminado de escribir el libro de Génesis poco antes de su muerte en el Monte Nebo (Dt. 34). En este tiempo los hijos de Israel, dirigidos ahora por Josué, acampaban al este del Jordán y se preparaban para la invasión de Canaán.

Cuándo ocurrieron los acontecimientos de Génesis

Adán 4000+ a.C. — Abraham 2000 a.C. — José muere 1804 a.C. — Moisés 1500 a.C. — David 1000 a.C.

Contribución teológica

El libro de Génesis es la fuente principal de varias doctrinas básicas de la Biblia. El libro se enfoca en dos aspectos principales de Dios: Como el Creador del universo, y el que inicia el pacto con su pueblo. Génesis une la creación y el pacto de una manera asombrosa: El Dios que inicia el pacto es el mismo Dios que ha creado todo el universo. El Dios eterno y el Creador todopoderoso entra en un pacto con su pueblo (Gn 1.1; Jn 1.1).

El pacto de Dios con Abraham es el argumento básico de las Escrituras: Cumplir su plan para las naciones del mundo por medio de su pueblo Israel, los descendientes de Abraham. Dicho pacto (Gn 12.1-3; 15.1-21) contiene muchas bendiciones personales para el padre de la fe. Pero el clímax del texto está en las palabras de alcance mundial: «Y serán benditas en ti todas las familias de la tierra» (Gn 12.3). Esta promesa se hizo realidad en la persona del Señor Jesucristo, la simiente de Abraham, por medio de quien todas las familias y naciones pueden entrar en el gozo de conocer al Dios de Abraham.

Consideración especial

El libro de Génesis lleva al lector al momento cuando el Creador, por su palabra, crea el sol, la luna, las estrellas, los planetas, las galaxias, las criaturas vivas y la humanidad. El estudiante que espera encontrar en Génesis una narración científica de cómo comenzó el mundo, con una respuesta en lenguaje técnico a todas las preguntas acerca de la vida primitiva, se sentirá desilusionado. Génesis no es un intento de responder tales preguntas técnicas.

Síntesis de Génesis

Los cuatro grandes acontecimientos

Los capítulos 1—11 ponen el fundamento sobre el cual se edifica toda la Biblia y se centra en cuatro acontecimientos claves. (1) **Creación**: Dios es el soberano Creador de la materia, la energía, el espacio y el tiempo. La humanidad es el pináculo de la creación. (2) **Caída**: La creación va seguida por la corrupción. A causa del pecado original, la humanidad es separada de Dios (Adán de Dios), y en el segundo pecado el hombre se separa del hombre (Caín de Abel). A pesar de la devastadora maldición de la caída, Dios promete esperanza de redención por medio de la simiente de la mujer (3.15). (3) **Diluvio**: A medida que se multiplica la humanidad, se multiplica también el pecado hasta que Dios se ve obligado a destruir la humanidad con excepción de Noé y su familia. (4) **Naciones**: Génesis enseña la unidad de la raza humana: Todos somos hijos de Adán a través de Noé, pero debido a la rebelión de la Torre de Babel, Dios fragmenta la cultura y lengua únicas del mundo posterior al diluvio, y esparce a la gente sobre toda la faz de la tierra.

Cuatro grandes personalidades

Una vez esparcidas las naciones, Dios se concentra en un hom-

Libro de Génesis

ENFOQUE	Cuatro acontecimientos				Cuatro personas			
REFERENCIAS	1.1 ——— 3.1 ——— 6.1 ——— 10.1 ——— 12.1 ——— 25.19 ——— 27.19 ——— 37.1 ——— 50.26							
DIVISIÓN	Creación	Caída	Diluvio	Naciones	Abraham	Isaac	Jacob	José
TEMA	Raza humana				Raza hebrea			
	Histórico				Biográfico			
LOCALIZACIÓN	Creciente fértil (Edén – Harán)				Canaán (Harán – Canaán)			Egipto (Canaán– Egipto)
TIEMPO	c. 2000 años c. 4000+ c. 2166 a.C.				281 años c.2166 – 1885 a.C.			81 años (1885 – 1804 a.C.)

bre y su descendencia a través de los cuales bendecirá a todas las naciones (12-50). (1) *Abraham*: El llamado de Abraham es el punto fundamental del libro. Las tres promesas del pacto que Dios hace a Abraham (tierra, descendencia y bendición) son esenciales para su plan de traer salvación a la tierra. (2) *Isaac*: Dios establece su pacto con Isaac como vínculo espiritual con Abraham. (3) *Jacob*: Dios transforma a este hombre del egoísmo al servicio y cambia su nombre a Israel, padre de las doce tribus. (4) *José*: El hijo favorito de José sufre en manos de sus hermanos y se convierte en esclavo en Egipto. Después de su dramático ascenso al gobierno de Egipto, José salva a su familia del hambre y los traslada de Canaán a Gosén.

Génesis termina con una nota de esclavitud inminente con la muerte de José. Hay una gran necesidad de la redención que ha de seguir en el Libro de Éxodo.

Bosquejo de Génesis

Primera parte: Historia primitiva (1.1—11.9)

Libro de Éxodo

Autor y fecha

Éxodo es uno de los primeros cinco libros del Antiguo Testamento que tradicionalmente se atribuyen a Moisés como autor. Los discípulos (Jn 1.46), Pablo (Ro 10.5) y Jesús (Mc 7.10; 12.26; Lc 20.37; Jn 5.46,47; 7.19,22,23), testifican de la autoría de Moisés. Se debe fechar en algún momento antes de su muerte hacia el 1400 a.C.

◆

CLAVES DE ÉXODO

Palabra clave: *Redención*

El concepto de redención es fundamental en Éxodo. Israel fue redimido de la esclavitud en Egipto y entró en una relación con Dios por medio del pacto.

Versículos clave: *Éxodo 6.6; 19.5,6*

Capítulos clave: *Éxodo 12—14*

El clímax de todo el Antiguo Testamento se registra en los capítulos 12—14: La salvación de Israel por medio de la sangre (la Pascua) y por el poder (el Mar Rojo).

◆

Marco histórico

Éxodo cubre un período crítico en la historia de Israel como nación. Los eruditos conservadores creen que los hebreos abandonaron Egipto hacia 1440 a.C. Algunos creen que ocurrió mucho después, alrededor de 1280 a.C. Unos dos tercios del libro describen las experiencias de Israel durante los dos años siguientes de esa fecha. Este es el período en el cual Israel viajó por el desierto hacia el Monte Sinaí y recibió instrucciones de Dios por medio de Moisés luego que este se encontrara con Dios en el monte.

Cuándo ocurrieron los acontecimientos de Éxodo

Abraham 2000 a.C.   1600 a.C.   Éxodo 1440 a.C.   David 1000 a.C.

Contribución teológica

El libro de Éxodo ha ejercido mucha influencia sobre la fe de

Israel y en la teología cristiana. Todo el mensaje de redención en la Biblia se desarrolla a partir de la relación del pacto entre Dios y su pueblo, descrito por primera vez en este libro. Además, varios temas del libro se ven claramente en la vida y ministerio de Jesús. Moisés recibió la ley en el Monte Sinaí; Jesús dio el Sermón del Monte. Moisés levantó la serpiente en el desierto para dar vida a su pueblo; Jesús fue levantado en la cruz para dar vida eterna a todo el que cree en Él. La Pascua sirvió como base para la última cena de Jesús como memorial perpetuo para sus seguidores.

Consideración especial

El cruce del Mar Rojo es uno de los acontecimientos más dramáticos de toda la Biblia. Los autores bíblicos repetidas veces se refieren a él como la señal más significativa del amor de Dios por Israel. Un pueblo esclavo y desvalido ha sido liberado de sus enemigos por el poderoso Dios redentor.

Síntesis de Éxodo

Redención de Egipto (1—18)

Éxodo comienza donde termina Génesis. Durante muchos años los descendientes de José crecieron y prosperaron con la bendición del rey de Egipto. Pero con un nuevo rey en Egipto, los hebreos fueron reducidos al estado de esclavitud y se le puso a trabajar en los proyectos de edificación de Faraón. Cuando finalmente los israelitas se vuelven a Dios para que los libre de su esclavitud, Dios responde rápidamente redimiéndolos con «brazo extendido y con juicios grandes» (6.6).

Entre algunos de los grandes acontecimientos abarcados por este libro de rápida acción se encuentran el llamado a Moisés por medio de la zarza ardiente para sacar a su pueblo de la esclavitud (3.1—4.17); la serie de plagas enviadas sobre los egipcios debido a la dureza de Faraón (7.1—12.30); la liberación de los cautivos y el cruce milagroso del Mar Rojo, seguida por la destrucción del ejér-

El Libro de Éxodo

	Necesidad de redención	Preparación para la redención	Redención de Israel	Preservación de Israel	Revelación del pacto	Respuesta de Israel al pacto
ENFOQUE	Redención de Egipto				Revelación de Dios	
REFERENCIAS	1.1 ······2.1······	······5.1······	······15.22······	······19.1······	······32.1······	······40.38
DIVISIÓN	Necesidad de redención	Preparación para la redención	Redención de Israel	Preservación de Israel	Revelación del pacto	Respuesta de Israel al pacto
	Narración				Legislación	
TEMA	Sujeción		Redención		Instrucción	
LOCALIZACIÓN	Egipto			Desierto	Monte Sinaí	
TIEMPO	430 años			2 meses	10 meses	

cito de Faraón (15.1-31); la provisión de Dios para el pueblo en el desierto: pan, agua y codornices (16.1—17.7).

Revelación de Dios (19—40)

El énfasis va de la narrativa en los capítulos 1—18 a la legislación en los capítulos 19—40. En el Monte Sinaí, Moisés recibe de parte de Dios las leyes morales, civiles y ceremoniales, además del patrón para edificar el tabernáculo en el desierto. Después que Dios juzga a su pueblo por el becerro de oro, se construye y consagra el tabernáculo.

Bosquejo de Éxodo

Libro de Levítico

Autor y fecha

Los estudiosos de la Biblia más conservadores reconocen a Moisés como el autor del libro de Levítico, probablemente alrededor de 1440 a.C. Pero algunos eruditos insisten en que el libro fue una compilación de muchas fuentes diferentes por un editor desconocido en la tierra de Canaán algunos siglos después de la muerte de Moisés. Esta teoría no tiene en cuenta las docenas de casos en Levítico en que Dios habla directamente a Moisés, y que Moisés escribió sus instrucciones para ser transmitidas al pueblo (4.1; 6.1; 8.1; 11.1).

◆

CLAVES DE LEVÍTICO

Palabra clave: *Santidad*

Levítico se centra en el concepto de la santidad de Dios, y cómo un pueblo no santo puede acercarse aceptablemente a Él y seguir en una comunión continua.

Versículos clave: *Levítico 17.11; 20.7-8*

Capítulo clave: *Levítico 16*

El día de la expiación (Yom Kippur) era el día más importante del calendario hebreo, puesto que era el único día en que el sumo sacerdote entraba en el Lugar Santísimo para hacer «expiación por vosotros, y seréis limpios de todos vuestros pecados delante de Jehová» (16.30).

◆

Marco histórico

El libro de Levítico corresponde al período en la historia de Israel cuando estaban acampando en el Monte Sinaí luego de la liberación milagrosa de la esclavitud en Egipto.

Contribución teológica

Levítico es importante por sus claras enseñanzas acerca de tres verdades espirituales: la expiación, los sacrificios y la santidad. El libro de Levítico es importante por sus claras enseñanzas acerca de tres verdades espirituales: la expiación, los sacrificios y la santidad. Sin el antecedente de estos conceptos en Levítico, no podríamos entender su posterior cumplimiento en la vida y ministerio de Jesús.

El capítulo 16 de Levítico contiene las instrucciones de Dios para la observación del Día de Expiación. Los escritores del Nuevo Testamento más tarde compararon este cuadro conocido al sacrificio de Jesús a favor nuestro. Pero a diferencia del sacerdote humano, Jesús no tuvo que ofrecer sacrificios primero «por sus propios pecados, y luego por los del pueblo; porque esto lo hizo una vez y para siempre, ofreciéndose a sí mismo» (Heb 7.27).

El libro de Levítico instruye al pueblo del pacto en cuanto a la ofrenda de sangre (en que se presentaba la sangre de un animal sacrificado a Dios) como símbolo del ofrecimiento de su propia vida a Dios. Otra vez, esta enseñanza conocida tomó un significado más profundo en el Nuevo Testamento cuando se aplicó a Jesús. El Señor entregó su vida a nuestro favor cuando derramó su sangre para borrar nuestros pecados.

El significado básico de *santidad* según se presenta en Levítico es que Dios demanda absoluta obediencia de su pueblo. La raíz de la palabra es «separación». El pueblo debía estar separado y ser diferente de los pueblos paganos que los rodeaban.

Consideración especial

La sangre de becerros y machos cabríos, tan prominentes en Levítico, no tienen poder para quitar el pecado. Pero cada uno de estos rituales era «sombra de los bienes venideros» (Heb 10.1). Apuntan hacia el sacrificio final de Dios, hecho gratuitamente a nuestro favor: «Así también Cristo fue ofrecido una sola vez para llevar los pecados de muchos» (Heb 9.28).

Síntesis de Levítico

Sacrificio (1—17)

Esta sección enseña que para presentarse delante de Dios hay que hacerlo mediante ofrendas especiales (1—7), por la mediación del sacerdocio (8—10), por la purificación nacional de las inmundicias (11—15), y por la provisión de una purificación y comunión nacional (16,17). Los sacrificios de sangre recuerdan a los adoradores que, debido al pecado, el Dios santo exige el costoso don de la vida (17.11). La sangre inocente del animal que se sa-

El Libro de Levítico

ENFOQUE	Sacrificio				Santificación			
REFERENCIAS	1.1 ·······8.1 ···········11.1 ···········16.1 ···········18.1 ···········21.1 ···········23.1 ···········25.1 ···········27.1···27.34							
DIVISIÓN	Leyes de los sacrificio				Leyes de santificación			
	Las ofrendas	Consagración de los sacerdotes	Consagración del pueblo	Expiación nacional	Para el pueblo	Para los sacerdotes	En adoración	En la tierra de Canaán	A través de votos
TEMA	El camino a Dios				Camina: con Dios			
	Leyes para un acercamiento a Dios aceptable				Leyes para una continua comunión con Dios			
LOCALIZACIÓN	Monte Sinaí							
TIEMPO	c. Un mes							

crifica se convierte en un sustituto para la vida del adorador culpable: «Sin derramamiento de sangre no se hace remisión» (Heb 9.22).

Santificación (18—27)

Los israelitas sirven a un Dios santo que también exige de ellos santidad. Ser santos significa estar apartados o «separados». Deben separarse de otras naciones para Dios. En Levítico la idea de la santidad aparece ochenta y siete veces, unas veces indica la santidad ceremonial (requisito ritual), y otras veces, la santidad moral (pureza de vida). Esta santificación se extiende al pueblo de Israel (18—20), al sacerdocio (21 y 22), a su adoración (23 y 24), a su vida en Canaán (25 y 26) y a sus votos especiales (27).

Bosquejo de Levítico

Primera parte: Sacrificio (1.1—17.16)

I. Leyes para el acercamiento agradable a Dios	1.1—7.38
A. En comunión	1.1—3.17
B. Sin comunión	4.1—6.7
C. Leyes para la administración de la ofrenda	6.8—7.38
II. Leyes del sacerdocio	8.1—10.20
A. Consagración del sacerdocio	8.1-36
B. Ministerio del sacerdocio	9.1-24
C. Fracaso del sacerdocio	10.1-20
III. Leyes de Israel acerca de la pureza	11.1—15.33
A. Leyes sobre alimentos inmundos 11.1-47	
B. Leyes sobre el nacimiento de un hijo	12.1-8
C. Ley del leproso	13.1—14.57
D. Leyes sobre emisión de semen	15.1-33
IV. Ley sobre el Día de la Expiación	16.1—17.16
A. Sobre la purificación nacional	16.1-34
B. Sobre la localización de los sacrificios	17.1-9

Libro de Números

Autor y fecha

Números es uno de los primeros cinco libros del Antiguo Testamento, los cuales tradicionalmente se atribuyen a Moisés como autor. Él es el personaje central del libro, y el libro mismo contiene referencias a sus escritos (33.2). Debe haber escrito Números algún tiempo antes de su muerte, cuando el pueblo hebreo se preparaba para entrar en la tierra hacia 1400 a.C.

◆

CLAVES DE NÚMEROS

Palabra clave: *Peregrinaciones*

Números registra el fracaso de Israel al no creer la promesa de Dios y el juicio que resultó en la peregrinación por el desierto durante cuarenta años.

Versículos clave: *Números 14.22,23; 20.12*

Capítulo clave: *Números 14*

El punto crítico de Números puede verse en el capítulo 14 cuando Israel rechaza a Dios y se niega a subir y conquistar la tierra prometida.

◆

Marco histórico

Los acontecimientos del libro de Números abarcan unos 39 ó 40 años de la historia de Israel, desde 1440 a.C., cuando dejan el campamento en el Monte Sinaí, hasta 1400 a.C., cuando entraron en la tierra de Canaán cruzando el Río Jordán cerca de Jericó.

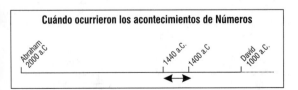

Cuándo ocurrieron los acontecimientos de Números

Abraham 2000 a.C. — 1440 a.C. 1400 a.C. — David 1000 a.C.

Contribución teológica

El libro de Números presenta el concepto de la ira correctiva de Dios sobre su pueblo desobediente. Por su rebelión, los hebreos habían quebrantado el pacto. Ni siquiera Moisés quedó exento de la ira de Dios cuando le desobedeció. Pero Dios no renunció a su pueblo. Aunque pudo castigarlo en el presente, todavía estaba decidido a bendecirlo y llevarlo a una tierra que le perteneciera.

Consideración especial

Los soldados israelitas contados en los dos censos del libro de Números han sido un rompecabezas para los estudiosos de la Biblia (véanse caps. 1 y 26). En cada caso, cuentan un ejército de más de 600.000 hombres. Si esto es correcto, entonces el total de la población israelita puede haber sido de más de 2.000.000 de personas. Una cifra de esa magnitud parece fuera de línea para este período de la historia antigua puesto que la mayoría de las naciones eran pequeñas.

Una explicación que se ha dado es que la palabra traducida miles puede significar algo semejante a unidades, decenas o clanes en el idioma hebreo. Si es así, el número sería mucho menor. Pero otros eruditos creen que no hay razón para cuestionar los números, puesto que los israelitas crecieron en forma dramática durante sus años de servidumbre en Egipto (Éx 1.7-12).

Síntesis de Números

La antigua generación (1.1—10.10)

La generación que fue testigo de los milagros de liberación y preservación de Dios recibe más instrucciones de Dios mientras están al pie del Monte Sinaí (1.1—10.10). Las instrucciones divinas son muy explícitas, y tocan todos los aspectos de su vida. Él es el autor de orden, no de confusión, y esto se ve en el modo que organiza al pueblo alrededor del Tabernáculo. De las condiciones externas del campamento (1—4), Números pasa a la condición interior (5—10) y describe la preparación espiritual del pueblo.

Libro de Números

ENFOQUE	La antigua generación		La trágica transición				La nueva generación		
REFERENCIAS	1.1 ·······5.1 ·······10.11 ·······13.1 ·······15.1 ·······20.1 ·······26.1 ·······28.1 ·······31.1 ·······36.13								
DIVISIÓN	Organización de Israel	Santificación de Israel	Hacia Cades	En Cades	En el desierto	Hacia Moab	Reorganización de Israel	Regulaciones sobre ofrendas y votos	Conquista y división de Israel
TEMA	Orden		Desorden				Nuevo orden		
	Preparación		Postergación				Preparación		
LOCALIZACIÓN	Monte Sinaí		Desierto				Llanos de Moab		
TIEMPO	20 días		30 años 3 meses y 10 días				c. 5 meses		

La trágica transición (10.11 – 25.18)

Israel sigue a Dios hasta que Canaán está a la vista. Entonces, en un momento crucial en Cades, retroceden con incredulidad. Sus murmuraciones ya eran incesantes, pero la incredulidad demostrada después de enviar a los espías desde Cades Barnea es algo que Dios no iba a tolerar. La rebelión de Cades marca un giro esencial en el libro. La generación del exilio no va a ser la generación de la conquista.

La incredulidad trae consigo la disciplina e impide la bendición de Dios. Esta antigua generación está condenada literalmente a matar el tiempo durante cuarenta años de peregrinación en el desierto, un año por cada día que los espías estuvieron inspeccionando la tierra. Solo Josué y Caleb, los dos espías que creyeron a Dios, entraron en Canaán. No hay casi nada registrado de estos años de transición.

La nueva generación (26—36)

Cuando se completa el período de transición, el pueblo se traslada a los llanos de Moab, justo al oriente de la tierra prometida (22.1). Antes de poder entrar en la tierra debían esperar que todo estuviera preparado. Aquí reciben nuevas instrucciones, se toma un nuevo censo, Josué es nombrado sucesor de Moisés, y parte del pueblo se establece en la Transjordania. El pueblo de Dios puede avanzar solo si confía y depende de Dios.

Bosquejo de Números

Primera parte: Preparación de la antigua generación para heredar la tierra prometida (1.1—10.10)

Libro de Deuteronomio

Autor y fecha

Los eruditos bíblicos conservadores concuerdan en que Moisés escribió este libro, pero muchos eruditos liberales sustentan la teoría que Deuteronomio fue escrito varios siglos más tarde. Desafortunadamente, esta teoría ignora la declaración del mismo libro en el sentido que Moisés lo escribió (31.9-13) y el uso del pronombre en primera persona a lo largo del libro. El capítulo 34, acerca de su muerte, probablemente fue agregado como tributo a Moisés por Josué, su sucesor. La fecha de Deuteronomio debe de haber sido algún tiempo cerca de 1400 a.C.

◆

CLAVES DE DEUTERONOMIO

Palabra clave: *Pacto*

El tema principal de todo el libro de Deuteronomio es la confirmación del pacto.

Versículos clave: *Deuteronomio 10.12,13; 30.19,20*

Capítulo clave: *Deuteronomio 27*

La confirmación formal del pacto se produce en Deuteronomio 27, cuando Moisés, los sacerdotes, los levitas y todo Israel «guarda silencio y escucha, oh Israel; hoy has venido a ser pueblo de Jehová tu Dios» (27.9).

◆

Marco histórico

El libro de Deuteronomio marca un giro en la historia del pueblo escogido de Dios. Debido a su rebelión e infidelidad, habían peregrinado sin destino por el desierto durante dos generaciones. Ahora acampan al oriente de Canaán, la tierra que Dios les había prometido por patria.

Cuándo ocurrieron los acontecimientos de Deuteronomio

Abraham 2000 a.C.   1440 a.C.   1400 a.C.   David 1000 a.C.

Contribución teológica

El Nuevo Testamento contiene más de ochenta citas tomadas de Deuteronomio; Jesús mismo citó con frecuencia este libro. En la tentación, respondió a Satanás con cuatro citas de las Escrituras. Tres de ellas vinieron de este libro clave del Antiguo Testamento (Mt 4.4; Lc 4.4 - Dt 8.3; Mt 4.7; Lc 4.12 - Dt 6.16; Mt 4.10; Lc 4.8 - Dt 6.13). Cuando le preguntaron cuál era el mandamiento principal de la ley, Jesús respondió con la conocida cita de Deuteronomio: «Amarás a Jehová tu Dios de todo tu corazón, y de toda tu alma, y con todas tus fuerzas» (Mt 22.37; Dt 6.5; Mc 12.30; Lc 10.27).

Consideración especial

Algunas personas consideran las leyes de Dios en el Antiguo Testamento como cargas pesadas y restrictivas. El libro de Deuteronomio, sin embargo, enseña que las leyes de Dios han sido dadas para nuestro bien, para ayudarnos a estar cerda de Él en nuestra actitud y conducta.

Síntesis de Deuteronomio

Primer sermón de Moisés (1.1 — 4.43)

Moisés se remonta al pasado para recordar al pueblo dos hechos innegables de su historia: (1) el juicio moral de Dios por la incredulidad de Israel, y (2) la liberación y provisión de Dios cuando obedecían.

Segundo sermón de Moisés (4.44 — 26.19)

Estos capítulos repasan las tres categorías de la ley: (1) los testimonios (5 — 11). Son los deberes morales; una segunda promulgación y expansión de los Diez Mandamientos con la exhortación de no olvidar la misericordiosa liberación de Dios. (2) Los estatutos (12.1 — 16.17). Estos son los deberes ceremoniales: sacrificios, diezmos y fiestas. (3) Las ordenanzas (16.18 — 26.19). Son los deberes civiles (16.18 — 20.20) y sociales (21-26): el sistema de justicia, las leyes del crimen, las leyes de la guerra, las reglas de propiedad, la moral personal y familiar y la justicia social.

Libro de Deuteronomio

ENFOQUE	Primer sermón	Segundo sermón				Tercer sermón		
REFERENCIAS	1.1 ········	4.44 ········ 12.1 ········	16.18 ········	21.1 ········	27.1 ········	29.1 ········	31.1 ·· 34.12	
DIVISIÓN	Repaso de los actos de Dios por Israel	Exposición del Decálogo	Leyes ceremoniales	Leyes civiles	Leyes sociales	Confirmación del Pacto	Pacto palestino	Transición mediadora del pacto
TEMA	Lo que Dios ha hecho	Lo que Dios espera de Israel				Lo que Dios hará		
	Histórico	Legal				Profético		
LOCALIZACIÓN	Llanos de Moab							
TIEMPO	c. 1 mes							

Tercer sermón de Moisés (27—34)

En estos capítulos Moisés escribe la historia anticipadamente. Anuncia lo que le ocurrirá a Israel en el futuro cercano (bendiciones y maldiciones) y en el futuro distante (dispersión entre las naciones y un probable retorno). Moisés hace una lista de los términos del pacto que luego iban a ser ratificados por el pueblo. Debido a que no se le permitirá entrar en la tierra, Moisés designa a Josué como su sucesor y da un discurso de despedida a la multitud. Dios mismo sepulta a Moisés en un lugar desconocido.

Bosquejo de Deuteronomio

Libros Históricos

◆

La historia de Israel como nación continúa en los doce libros históricos, la segunda gran división del Antiguo Testamento. Estos libros contienen la descripción de la ocupación de la tierra prometida por el pueblo del pacto de Dios después de su salida de Egipto y de los años de peregrinación por el desierto; la transición del sistema gubernamental de jueces al de reyes; la división de la nación en reino del norte y del sur; la destrucción del reino del norte y la cautividad y regreso del reino del sur. El período representado por estos libros cubre unos 700 años.

LIBROS HISTÓRICOS	
LIBRO	**RESUMEN**
Josué	**Captura y ocupación de la Tierra Prometida**
Jueces	**Una serie de jueces y líderes militares rescatan a la nación de Israel**
Rut	**Hermosa historia del amor de Dios**
1 y 2 Samuel	**Historia antigua de Israel que incluye los reinados de Saúl y David**
1 y 2 Reyes	**Historia política de Israel, que enfoca los reinados de reyes seleccionados desde el tiempo de Salomón hasta la cautividad del pueblo judío por Babilonia**

1 y 2 Crónicas	Historia religiosa de Israel, que abarca el mismo período de 2 Samuel y de 1 y 2 de Reyes
Esdras	**Regreso del pueblo judío de la cautividad en Babilonia**
Nehemías	**Reedificación de los muros de Jerusalén después de la cautividad babilónica**
Ester	**El cuidado de Dios por su pueblo en un reino gentil**

Cuándo ocurrieron los acontecimientos registrados en los libros históricos

Adán 4000+ a.C. — Abraham 2000 a.C — Moisés 1500 a.C. — David 1000 a.C. — Esdras 500 a.C. — Jesús 4 a.C. — Apocalipsis c. 100 d.C.

Libro de Josué

Autor y fecha

La antigua tradición judía atribuye a Josué la autoría de este libro pero muchos autores modernos se oponen a esto. Sin embargo, diversas secciones del libro sugieren que fue escrito por Josué, y algunos de los relatos están narrados con una descripción tan vívida y con detalles tan minuciosos que sugieren un autor que estuvo en la escena, Josué mismo (caps. 6 — 8). Una fecha generalmente aceptada para la muerte de Josué es 1375 a.C., de modo que el libro debe de haber sido finalizado poco después de esta fecha

---

◆

CLAVES DE JOSUÉ

Palabra clave: *Conquista*

Todo el libro de Josué describe la entrada, conquista y ocupación de la tierra de Canaán.

Versículos clave: *Josué 1.8; 11.23*

Capítulo clave: *Josué 24*

Josué le repasa al pueblo cómo Dios ha cumplido sus promesas y luego los reta a examinar su compromiso con el Pacto (24.24,25), lo cual es la base para toda vida nacional de éxito.

◆

Marco histórico

El libro de Josué cubre unos 25 años de uno de los períodos más importantes de la historia de Israel: La conquista y ocupación de la tierra que Dios había prometido a Abraham y su descendencia muchos siglos antes. El año específico para esta ocupación debe de haber sido entre 1400 a 1375 a.C. aproximadamente.

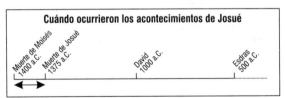

Cuándo ocurrieron los acontecimientos de Josué

Muerte de Moisés 1400 a.C.

Muerte de Josué 1375 a.C.

David 1000 a.C.

Esdras 500 a.C.

Contribución teológica

Un mensaje importante del libro de Josué es que la verdadera y la falsa religión no se mezclan. Repetidas veces a lo largo de la historia, el pueblo hebreo se apartó del culto al único Dios verdadero. Esta tendencia hacia el culto falso fue la principal razón para el emotivo discurso de despedida de Josué. Advierte al pueblo contra la adoración de falsos dioses y los desafía a permanecer fieles a su gran libertador, Jehová.

Consideración especial

Algunas personas tienen dificultad con la orden de Dios a Josué para destruir a los cananeos. Pero detrás de este mandato yace la preocupación de Dios por su pueblo del pacto. Deseaba eliminar las prácticas idólatras de los cananeos para que no fuesen una tentación para los israelitas. Este mandamiento a Josué representa además el juicio de Dios contra el pecado y la inmoralidad. Dios usó a Israel como instrumento para su juicio contra las naciones paganas.

Síntesis de Josué

Conquista (1.1 — 13.7)

Los primeros cinco capítulos narran la preparación espiritual, moral, física y militar de Josué y del pueblo para la inminente conquista de Canaán. Dios entrega a Josué el encargo de completar la tarea iniciada por Moisés (1.2). Luego que Dios lo anima, Josué envía dos espías que regresan con un informe positivo (en contraste con los espías de la generación anterior). La obediencia y la fe se unen en el cruce milagroso del río Jordán (3.1 — 4.24).

La campaña de Josué en la Canaán central (6.1 — 8.35) pone una cuña estratégica entre las ciudades del norte y del sur y evita una alianza masiva de los cananeos contra Israel. Jehová enseña al pueblo que el éxito en la batalla siempre será por su poder y no por su propio esfuerzo o astucia. El pecado debe ser confrontado de inmediato pues trae graves consecuencias y derrota en Hai (7.1-26).

Las campañas del sur y del norte (9.1—13.7) también tienen éxito, pero un juramento sin sabiduría hecho a los engañosos ga-

Libro de Josué

ENFOQUE	Conquista de Canaán		Ocupación de Canaán		
REFERENCIAS	1.1 ·········· 6.1 ··········	13.8 ··········	14.1 ·········· 20.1 ··········	22.1 ·········· 24.33		
DIVISIÓN	Preparación de Israel	Conquista de Canaán	Ocupación al este del Jordán	Ocupación al oeste del Jordán	Establecimiento de la comunidad religiosa	Condiciones para la permanencia de la ocupación
TEMA	Entrada en Canaán	Conquista de Canaán	División de Canaán			
	Preparación	Sujeción	Posesión			
LOCALIZACIÓN	Río Jordán	Canaán	Dos tribus y media: Este del Jordán Nueve tribus y media: Oeste del Jordán			
TIEMPO	c. 1 mes	c. 7 años	c. 8 años			

baonitas obliga a Israel a protegerse y a desobedecer el mandamiento de Dios de eliminar a los cananeos.

Ocupación (13.8 — 24.33)

Josué está envejeciendo y Dios le dice que reparta la tierra entre las doce tribus. Queda mucho por ganar, y las tribus deben seguir la conquista por la fe después de la muerte de Josué. Los capítulos 13.8 — 21.45 describen la adjudicación de la tierra a las diversas tribus, la heredad de Caleb (14 y 15) y de los levitas (21).

Los capítulos finales (22.1—24.33) narran las condiciones que deben cumplir para una ocupación permanente y exitosa de Canaán. Al entender que las bendiciones vienen de Dios solo cuando Israel obedece el pacto, Josué predica un sermón conmovedor, que culmina con la renovación de la lealtad de Israel al pacto.

Bosquejo de Josué

Libro de Jueces

Autor y fecha

Al igual que otros autores de los libros históricos del Antiguo Testamento, el autor de Jueces es desconocido. Pero las evidencias internas indican que el libro fue escrito después de los acontecimientos descritos en Jueces, probablemente durante los días del rey Saúl o de David, entre 1050 a.C. al 1000 a.C.

Marco histórico

La entrada de Israel en la tierra prometida bajo Josué fue más una ocupación que una conquista. Aun después que la tierra fue repartida entre las doce tribus, los israelitas siguieron enfrentando

Cuándo ocurrieron los acontecimientos de Jueces

Moisés 1500 a.C. — Muerte de Josué 1375 a.C. — Coronación de Saúl 1050 a.C. — David 1000 a.C. — Esdras 500 a.C.

◆

CLAVES DE JUECES

Palabra clave: *Ciclos*

El libro de Jueces se escribió principalmente sobre una base temática más que sobre una base cronológica (16 — 21 en realidad preceden a 3 —15). El autor usa relatos de diversos jueces para probar el completo fracaso de vivir según el versículo final de Jueces: «Cada uno hacía lo que bien le parecía». Para lograr esto, el autor usa un ciclo de cinco puntos para narrar la repetida espiral de desobediencia, destrucción y derrota. Las cinco partes son: (1) pecado, (2) servidumbre, (3) súplica, (4) salvación y (5) silencio.

Versículos clave: *Jueces 2.20,21; 21.25*

Capítulo clave: *Jueces 2*

El capítulo 2 de Jueces es una miniatura de todo el libro al registrar la transición de la generación piadosa a la impía, el formato de los ciclos y el propósito de Dios al no destruir a los cananeos.

◆

la posibilidad de ser dominados por los guerreros cananeos durante el período de 300 años de los jueces, desde más o menos 1375 a 1050 a.C.

Contribución teológica

Jueces habla de la necesidad de un libertador o salvador eterno para la humanidad. La liberación de los jueces humanos siempre fue temporal, parcial e imperfecta. El libro señala hacia Jesucristo, el gran Juez (Sal 110.6), que es Rey y Salvador de su pueblo.

Consideración especial

A muchos lectores les confunde el precipitado voto del juez Jefté en el libro de los Jueces. Prometió a Dios que si salía victorioso en la batalla, iba a ofrecer en sacrificio a quien primero saliera de su casa a saludarle cuando regresara. Jehová le dio la victoria. Al regresar, su hija salió de la casa a saludarlo, y se vio obligado a llevar a cabo su terrible voto (11.29-40).

La nación de Israel nunca aceptó el sacrificio humano. En realidad, Dios lo condena como un mal de las naciones vecinas. La intención del autor de Jueces al narrar este hecho es la misma que tenía cuando narra los pecados y excesos de Sansón. El período de los Jueces fue un tiempo de tal caos religioso y político que hasta los mejores siervos de Dios fallaron gravemente.

Síntesis de Jueces

Ciclo de infidelidad: Deterioro (1.1—3.4)

Jueces comienza con períodos cortos de éxitos militares luego de la muerte de Josué, pero rápidamente vuelve a los repetidos fracasos de todas las tribus en lo que respecta a la expulsión de sus enemigos. El pueblo siente la falta de un liderazgo central unificado, pero la razón principal para su fracaso es la falta de fe en Dios y la desobediencia (2.1-3). Los compromisos conducen al conflicto y al caos. Israel no expulsó a los habitantes de la tierra (1.21,27,29,30).

Liberaciones (3.5—16.31)

Esta sección describe siete apostasías (apartarse de Dios), siete servidumbres y siete liberaciones. Cada uno de los siete ciclos tiene cinco pasos: pecado, servidumbre, súplica, salvación y silencio. También se describen con las palabras rebelión, retribución, arrepentimiento, restauración y reposo. La monotonía de los pecados de Israel se puede poner en contraste con la creatividad de los libertadores de Dios, entre ellos: Débora, Gedeón y Sansón.

Depravación (17.1—21.25)

Estos capítulos ilustran: (1) la apostasía religiosa (17 y 18) y (2)

Libro de Jueces

ENFOQUE	Deterioro		Liberación						Depravación		
REFERENCIAS	1.1 ⋯ 2.1 ⋯ 3.5	⋯ 4.1	⋯ 6.1	⋯ 10.6	⋯ 12.8	⋯ 13.1	⋯ 17.1	⋯ 19.1	⋯ 20.1 ⋯ 21.25
DIVISIÓN	Israel no completa la conquista	Dios juzga a Israel	Campaña del sur	Campaña del norte (1ª)	Campaña central	Campaña oriental	Campaña del norte (2ª)	Campaña occidental	Pecado de idolatría	Pecado de inmoralidad	Pecado de guerra civil
TEMA	Causas de los ciclos		Maldición de los ciclos						Condición durante los ciclos		
	Vida con los cananeos		Guerra con los cananeos						Vivir como cananeos		
LOCALIZACIÓN	Canaán										
TIEMPO	c. 350 años										

la depravación social y moral (19—21) durante el período de los jueces. Los capítulos 19—21 contienen una de las peores historias de degradación en la Biblia. Jueces termina con una clave para comprender el período: «Cada uno hacía lo que bien le parecía» (21.25).

Bosquejo de Jueces

Libro de Rut

◆

CLAVES DE RUT

Palabra clave: *Pariente redentor*

La palabra hebrea que se traduce «pariente» (*goel*) aparece unas treces veces en Rut y significa básicamente «uno que redime».

Versículos clave: *Rut 1.16; 3.11*

Capítulo clave: *Rut 4*

En veintidós breves versículos, Rut pasa de ser viuda y pobre al matrimonio y la riqueza (2.1). Como pariente redentor, Booz introduce a una moabita en el linaje de David y a la larga, en el de Jesucristo.

◆

Autor y fecha

El autor de Rut es desconocido, aunque algunos eruditos lo acreditan al profeta Samuel. Tuvo que ser escrito en algún tiempo cercano al nacimiento de David, último nombre de la genealogía.

Marco histórico

Los hechos en este libro ocurren en un período oscuro de la historia de Israel: «En los días que gobernaban los jueces» (1.1), según la introducción histórica. Fue un período de caos sin fin, en el que la nación cayó repetidas veces en la adoración de dioses falsos.

Contribución teológica

La vida de Rut nos da un hermoso ejemplo de la providencia de

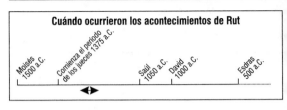

Dios. Él lleva a Rut al lugar preciso para que pudiera conocer a Booz, que sería su pariente redentor. Además, en este libro Dios se describe como el modelo de amor leal y permanente.

Síntesis de Rut

Demostración del amor de Rut (caps. 1 y 2)

La historia comienza con una hambruna en Israel, señal de desobediencia y apostasía (Dt 28—30). Un israelita llamado Elimelec («mi Dios es rey») en un acto desesperado se traslada de Belén («casa del pan» —nótese la ironía) a Moab. Aunque en esa tierra buscaba la vida, él y sus dos hijos Mahlón y Quelión encuentran la muerte. Los hijos fallecidos dejan dos viudas moabitas, Orfa («soberbia») y Rut («amistad»). La viuda de Elimelec, Noemí, sabe que el hambre ha pasado en Israel y decide regresar, ya no como Noemí («placentera») sino como Mara («amarga»). Dice a sus nueras que se queden en Moab y se casen nuevamente. Orfa decide dejar a Noemí y no se vuelve a mencionar. Por otra parte, Rut decide quedarse con Noemí y seguir a Jehová Dios de Israel. En consecuencia, renuncia a su cultura, a su pueblo y a su idioma por amor a Noemí.

En Israel, Noemí tiene que dejar que Rut espigue en el extremo de un campo. El cuidado providencial de Dios la lleva al campo de Booz, el pariente de Noemí. Booz («en él hay fortaleza») comienza a amarla, protegerla y a proveer para ella.

Libro de Rut

ENFOQUE	Demostración del amor de Rut		Recompensa por el amor de Rut	
REFERENCIAS	1.1 ················ 1.19 ················		3.1 ················ 4.1 ················ 4.22	
DIVISIÓN	Decisión de Rut de permanecer con Noemí	Devoción de Rut al cuidar de Noemí	Rut pide redención a Booz	Redención de Booz como recompensa para Rut
TEMA	Rut y Noemí		Rut y Booz	
	Muerte de la familia	Rut cuida a Noemí	Booz cuida a Rut	Nacimiento de familia
LOCALIZACIÓN	Moab	Campos de Belén	La era de Belén	Belén
TIEMPO	c. 12 años			

Recompensa por el amor de Rut (caps. 3 y 4)

Booz no expresa su deseo de casarse, de modo que Noemí sigue la costumbre aceptada de la época y pide a Booz que ejerza su derecho como pariente redentor. En 3.10-13, Booz revela por qué no se había puesto en acción para casarse; sin embargo, Dios recompensa la dedicación de Rut y le da como marido a Booz y les da un hijo, Obed, abuelo de David.

Bosquejo de Rut

Primera parte: Demostración del amor de Rut (1.1—2.23)

I. **Decisión de Rut de permanecer con Noemí**   1.1-18

   A. **Necesidad de Rut de permanecer con Noemí**   1.1-5

   B. **Oportunidad de Rut para dejar a Noemí**   1.6-15

   C. **Decisión de Rut de permanecer con Noemí**   1.16-18

II. **Devoción de Rut en el cuidado de Noemí**   1.19—2.23

   A. **Rut y Noemí regresan a Belén**   1.19-22

   B. **Rut espiga para su mantenimiento**   2.1-23

Segunda parte: Recompensa del amor de Rut (3.1—4.22)

I. **Rut pide la redención por Booz**   3.1-18

   A. **Noemí procura la redención de Rut**   3.1-5

   B. **Rut obedece a Noemí**   3.6-9

   C. **Booz desea redimir a Rut**   3.10-18

II. **Recompensa para Rut: la redención por Booz**   4.1-22

   A. **Booz se casa con Rut**   4.1-12

   B. **Rut tiene un hijo, Obed**   4.13-15

   C. **Noemí recibe una nueva familia**   4.16

   D. **Rut es bisabuela de David**   4.17-22

Libro Primero de Samuel

◆

CLAVES DE PRIMERO DE SAMUEL

Palabra clave: *Transición*

Primera de Samuel narra la crítica transición de Israel del reinado de Dios a través de jueces al reinado por medio de reyes.

Versículos clave: *1 Samuel 13.14; 15.22*

Capítulo clave: *1 Samuel 15*

Primera de Samuel 15 narra la trágica transición del reinado de Saúl al de David.

◆

Autor y fecha

Como el nombre del gran profeta Samuel se asocia con estos libros, es lógico suponer que escribió 1 y 2 Samuel. Primero de Crónicas se refiere al «libro de las crónicas de Samuel vidente» (1 Cr 29.29). Sin embargo, todo el libro de 2 Samuel y una porción importante de 1 Samuel tienen que ver con asuntos ocurridos después de la muerte de Samuel. Muchos eruditos creen que el sacerdote Abiatar, quien podría tener acceso a las crónicas reales, escribió las partes de estos dos libros que tratan sobre la vida de David en la corte.

Marco histórico

Los libros de 1 y 2 de Samuel describen un punto crucial en la historia de Israel: cuando el pueblo insistió en un reino unido bajo la autoridad de un rey. Saúl fue ungido por Samuel hacia 1050 a.C. y reinó cuarenta años; David también reinó cuarenta años desde 1010 a 971 a.C.

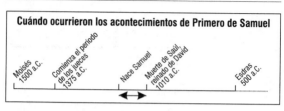

Cuándo ocurrieron los acontecimientos de Primero de Samuel

Moisés 1500 a.C. · Comienza el periodo de los jueces 1375 a.C. · Nace Samuel · Muerte de Saúl, reinado de David 1010 a.C. · Esdras 500 a.C.

Contribución teológica

La principal contribución de 1 y 2 Samuel es la percepción negativa y positiva que presentan del reinado. Al pedir un rey el pueblo rechaza el reinado de Dios, pero el trono que Dios iba a establecer con David se haría perpetuo en la persona de Jesucristo el Mesías.

Consideración especial

La historia de David y Goliat (1 S 17) destaca el contraste entre David y Saúl. Saúl demuestra su necedad y su incapacidad para reinar, pero David demuestra su sabiduría y su fe, probando que era el hombre de Dios para el trono de Israel.

Síntesis de Primero de Samuel

Samuel (1—7)

La historia de Samuel comienza cerca del final del tiempo de los jueces, cuando Elí es el juez sacerdote de Israel. Se le confirma como profeta cuando «la palabra de Jehová escaseaba» (caps. 1—3). La corrupción en Silo de parte de los notoriamente malvados hijos de Elí lleva a Israel a la derrota y la pérdida del arca del pacto en una importante batalla con los filisteos (4.1-11). La gloria de Dios se aparta del tabernáculo. Con la muerte de Elí, Samuel comienza a ejercer como el último de los jueces. Su ministerio profético (7.3-17) produce un avivamiento en Israel, la recuperación del arca y la derrota de los filisteos.

Libro Primero de Samuel

ENFOQUE	Samuel		Saúl	
REFERENCIAS	1.1 ·········· 4.1 ·········· 8.1 ·········· 13.1 ·········· 15.10 ·········· 31.13			
DIVISIÓN	Primera transición de liderazgo, Elí—Samuel	Samuel como juez	Segunda transición de liderazgo, Samuel—Saúl	Reinado de Saúl	Tercera transición del liderazgo, Saúl—David
TEMA	Decadencia de los jueces		Surgimiento de los reyes		
	Elí	Samuel	Saúl		David
LOCALIZACIÓN	Canaán				
TIEMPO	c. 94 años				

Saúl (8—15)

En su impaciencia por tener rey, tanto el motivo (8.5) como el criterio (9.2) de Israel están errados. Saúl comienza bien (9—11), pero sus buenas características pronto degeneran. Saúl y el pueblo comienzan a actuar con maldad. Con presunción, Saúl asume un papel sacerdotal y ofrece sacrificios (13). Hace un voto necio (14) y desobedece el mandato de Dios de destruir a los amalecitas (15).

Saúl y David (16—31)

Cuando Dios rechaza a Saúl, comisiona a Samuel para ungir a David como rey de Israel. El rey que Dios elige sirve en la corte de Saúl (16.14—23.29) y derrota al filisteo Goliat (17). La devoción de Jonatán hacia David lo lleva a sacrificar el trono (20.30-31) y a reconocer el derecho divino de David al mismo (18). David se convierte en una amenaza creciente para el insanamente celoso Saúl; pero Jonatán, Mical y Samuel (19,20) lo protegen de la ira de Saúl. El futuro rey huye a una ciudad filistea donde finge estar loco (21), y luego a Adulam donde se le une una banda de hombres (22).

En dos ocasiones David perdona a Saúl cuando tenía la oportunidad de quitarle la vida (24—26). David nuevamente busca refugio entre los filisteos, pero no se le permite pelear al lado de ellos contra Israel. Saúl, temeroso de una inminente batalla con los filisteos, neciamente consulta una médium en Endor para oír el consejo del fallecido Samuel (28). El Señor rechaza a Saúl y declara su condenación; Saúl cae sobre su propia espada durante una batalla con los filisteos en el Monte Gilboa (31).

Bosquejo de Primero de Samuel

Primera parte: Samuel, el último Juez (1.1—7.17)

I. Primera transición de liderazgo		**1.1—3.21**
A. El nacimiento de un nuevo líder		1.1—2.11
B. La necesidad de un nuevo líder		2.12—3.36

Libro Segundo de Samuel

Los antecedentes y temas generales de Segundo de Samuel se discuten bajo Primero de Samuel (pp. 46-47).

Cuándo ocurrieron los acontecimientos de Segundo de Samuel

Moisés 1500 a.C. — Muerte de Saúl, reinado de David 1010 a.C. — Rebelión de Absalón 975 a.C. — Esdras 500 a.C.

◆

CLAVES DE SEGUNDO DE SAMUEL

Palabra clave: *David*

El personaje central de 2 de Samuel es David, alrededor de quien se escribe todo el libro.

Versículos clave: *Segundo de Samuel 7.12,13; 22.21*

Capítulo clave: *Segundo de Samuel 11*

El capítulo 11 de 2 Samuel es fundamental para todo el libro. Este capítulo registra el trágico pecado de David en el caso de Betsabé y su marido Urías. Las abundantes bendiciones sobre la familia de David y el reino son removidas al Dios castigar a su ungido.

◆

Síntesis de Segundo de Samuel

El triunfo de David (1—10)

Los capítulos 1— 4 narran siete años de reinado de David sobre la tierra de Judá. Aun cuando Saúl es un perseguidor homicida en su contra, David no se regocija en su muerte porque reconoce que Saúl había sido divinamente ungido como rey. El hijo de Saúl, Isboset es instalado por Abner como rey títere sobre las tribus del norte de Israel. Los aliados de David dirigidos por Joab derrotan a Abner y a Israel (2.17; 3.1). Abner deserta y se dispone a unir a Israel y Judá bajo David, pero Joab se venga y mata a Abner. Impotente, Isboset muere en manos de sus propios hombres, y David es nombrado rey de Israel (5.3). David pronto captura y fortifica Jerusalén y la convierte en el centro civil y religioso del reino ahora unido. Bajo el reinado de David la nación prospera política, espiritual y militarmente. David lleva el arca a Jerusalén y trata de edificar una casa para Dios (7). Su obediencia al poner a Jehová en el centro de su reinado trae grandes bendiciones nacionales (8—10).

Libro Segundo de Samuel

ENFOQUE	Victorias de David			Transgresiones de David	Tribulaciones de David	
REFERENCIAS	1.1 ·········6.1 ·········8.1 ·········11.1			·········12.1	·········13.37 ·······24.25	
DIVISIÓN	Victorias políticas	Victorias espirituales	Victorias militares	Pecados de adulterio y homicidio	Tribulaciones en la casa de David	Tribulaciones en el reino
TEMA		Éxito		Pecado	Fracaso	
		Obediencia		Desobediencia	Juicio	
LOCALIZACIÓN	David en Hebrón		David en Jerusalén			
TIEMPO	7 1/2 años		33 años			

Las transgresiones de David (11)

Los delitos de adulterio y homicidio de David marcan un punto crucial en el libro. Debido a estas transgresiones, las victorias y éxitos de David se convierten en problemas personales, familiares y nacionales.

Las tribulaciones de David (12—24)

La desobediencia del rey produce castigo y confusión en todos los ámbitos. La gloria y fama de David se marchitan, y nunca más vuelve a ser lo que era. Sin embargo, David confiesa su culpa cuando es confrontado por el profeta Natán, y es restaurado. Una espada se cierne sobre la casa de David como consecuencia del pecado: el bebé nacido a David y Betsabé muere, su hijo Amnón comete incesto, y su hijo Absalón mata a Amnón.

Las consecuencias siguen con la rebelión de Absalón contra su padre. David se ve obligado a huir de Jerusalén, y Absalón se proclama rey. David pudo haber sido vencido, pero Dios impide que Absalón lo persiga hasta que David haya reagrupado sus fuerzas. El ejército de Absalón es derrotado por el de David, y Joab mata a Absalón desobedeciendo las órdenes de David de perdonarle la vida.

David procura unir ambos reinos, pero el conflicto estalla entre las diez tribus del norte de Israel y las tribus de Judá y Benjamín. Los capítulos finales, en realidad un apéndice, muestran cómo los asuntos de los pueblos están ligados a la condición moral y espiritual del rey.

Bosquejo de Segundo de Samuel

Primera parte: Triunfos de David (1.1—10.19)

Libro Primero de Reyes

◆

CLAVES DE PRIMERO DE REYES

Palabra clave: *División del reino de Dios*

El tema de 1 de Reyes se centra en el hecho de que el bienestar de Israel y Judá depende de la fidelidad hacia el pacto de parte del pueblo y del rey. Los dos libros de Reyes describen la monarquía desde la perspectiva de su mayor prosperidad bajo Salomón, hasta su final y destrucción en las cautividades asiria y babilónica. Cumplir la ley de Dios produce bendición, pero la apostasía recibe como recompensa el juicio.

Versículos clave: *1 Reyes 9.4,5; 11.11*

Capítulo clave: *1 Reyes 12*

El punto crítico fundamental en 1 Reyes se presenta en el capítulo 12, cuando el reino unido se convierte en el reino dividido después de la muerte de Salomón.

◆

Autor y fecha

La tradición antigua acredita a Jeremías la autoría de estos dos libros, pero hoy día la mayoría de los eruditos ya no sustentan esta teoría. La evidencia indica hacia un profeta anónimo que trabajó en el tiempo de Jeremías y compiló la historia poco tiempo después que los babilonios arrasaron Jerusalén el año 587 a.C.

Marco histórico

Los cuatro siglos que abarcan 1 y 2 Reyes fueron tiempos de cambio y convulsiones en el mundo antiguo al ocurrir un desplazamiento del poder. La amenaza asiria fue particularmente fuerte durante los últimos cincuenta años del reino del norte. Bajo Tiglat

Pileser III, esta nación conquistadora lanzó tres campañas devastadoras contra Israel los años 734, 733 y 732 a.C. La nación cayó bajo las fuerzas asirias diez años después el año 722 a.C.

Aunque Siria y Asiria fueron amenazas para Judá en diversas oportunidades, su peor enemigo resultó ser la gran nación de Babilonia. Los babilonios tomaron esclavos y bienes de Jerusalén en tres campañas: en 605 y 597 a.C. y en un sitio de dos años que comienza el año 588 a.C. y que termina con la caída de Jerusalén el año 587 a.C. El templo fue destruido, y miles de ciudadanos importantes de Judá fueron llevados en cautiverio a Babilonia.

Cuándo ocurrieron los acontecimientos de Primero de Reyes

Moisés 1500 a.C.   Salomón 971 a.C.   Reino dividido 931 a.C.   Elías/Eliseo   Esdras 500 a.C.

Contribución teológica

Primero y Segundo de Reyes presentan un interesante contraste entre el rey David de Judá y el rey Jeroboam I, primer rey del reino del norte, Israel. Jeroboam estableció un legado de idolatría mezclando las religiones falsas con el culto del Dios verdadero, y cada rey de Israel fue luego comparado con la norma idolátrica de Jeroboam. Pero el rey David fue usado como norma de rectitud y justicia.

Consideración especial

Primero y Segundo de Reyes describen varios milagros realizados por Dios a través de los profetas Elías y Eliseo. Además de probar el poder de Dios, estos milagros atacan las prácticas paganas de adoración de los seguidores de Baal. El encuentro de Elías con los profetas de Baal en el Monte Carmelo, por ejemplo, fue una prueba para el poder de Baal. Baal no respondió, pero Dios respondió a Elías como este había anunciado.

Síntesis de Primero de Reyes

El reino unido (caps. 1—11)

El medio hermano de Salomón, Adonías, trató de apoderarse del trono al acercarse la muerte de David, pero Natán el profeta alerta a David quien rápidamente nombra a Salomón como corregente (cap. 1). Pronto «el reino fue confirmado en la mano de Salomón» (2.46). A la larga, los matrimonios impíos de Salomón (cf. 3.1) apartan su corazón del Señor, pero comenzó con un amor genuino por Dios y el deseo de tener sabiduría. Dicha sabiduría lleva a Israel al cenit de su poder. El imperio de Salomón se extiende desde la frontera egipcia a la frontera babilónica, y prevalece la paz.

Desde una perspectiva teocrática, el mayor logro de Salomón es la construcción del templo. El arca se coloca en este exquisito edificio, que se llena de la gloria de Dios, y Salomón ofrece una excelente oración de dedicación. Sin embargo, la riqueza de Salomón se le convierte en una fuente de problemas cuando comienza a comprar artículos prohibidos y sus muchas esposas extranjeras lo llevan a la idolatría. Dios pronuncia un juicio y anuncia que el hijo de Salomón reinará solo sobre una fracción del reino (Judá).

El reino dividido (12 —22)

A la muerte de Salomón, su hijo Roboam escoge el necio camino de imponer impuestos más fuertes. Jeroboam, oficial del ejército de Salomón, lidera a las diez tribus del norte en una rebelión. Lo convierten en rey dejando solo a Judá y Benjamín en el sur bajo Roboam. Esto inicia un período caótico con dos naciones y dos líneas de reyes. Entre los reinos del norte y del sur se establece una enemistad y lucha continuas. El norte se ve atacado por la apostasía y el sur por la idolatría. De toda la lista de reyes del norte

El Libro Primero de Reyes

ENFOQUE	Reino unido			Reino dividido		
REFERENCIAS	1.1 ··········	·········3.1 ··········	·········9.1 ··········	·········12.1 ··········	·········15.1 ··········	···16.29 ······22.53
DIVISIÓN	Consolidación de Salomón	Ascenso de Salomón	Decadencia de Salomón	División del reino	Reinado de diversos reyes	Reinado de Acab con Elías
TEMA	Salomón			Diversos reyes		
	Reino en tranquilidad			Reino en turbulencia		
LOCALIZACIÓN	Jerusalén, capital del reino unido			Samaria, capital de Israel Jerusalén, capital de Judá		
TIEMPO	c. 40 años			c. 90 años		

y del sur que aparece en estos libros, solo Asa (15.9-24) y Josafat (22.41-50) hacen lo «recto ante los ojos de Jehová» (15.11; 22.43).

Acab logra un poco de cooperación entre el norte y el sur, pero como rey alcanza mayores profundidades de maldad. Introduce el culto del Baal de Jezabel en Israel. El profeta Elías ministra durante este período oscuro de la historia de Israel, y da un testimonio de la palabra y del poder de Dios. La traición de Acab en la cuestión de la viña de Nabot ocasiona una reprensión profética de parte de Elías (21). Acab se arrepiente, pero luego muere en una batalla debido a que se negó a oír las palabras de Micaías, otro profeta de Dios.

Bosquejo de Primero de Reyes

Libro Segundo de Reyes

Los antecedentes y temas generales de 2 Reyes se discuten bajo 1 Reyes (pp. 55-57).

Cuándo ocurrieron los acontecimientos de Segundo de Reyes

Moisés 1500 a.C.   Eliseo comienza su ministerio 853 a.C.   Israel a Asiria 722 a.C.   Judá a Babilonia 587 a.C.   Esdras 500 a.C.

◆

CLAVES DE SEGUNDO DE REYES

Palabra clave: *Cautividades del reino*

Segunda de Reyes narra la destrucción y cautividad de Israel a manos de los asirios (2 R 17), y la destrucción de Judá por los babilonios (2 R 25).

El libro fue escrito en forma selectiva —y no exhaustiva— y desde un punto de vista profético para enseñar que la decadencia y el colapso de los dos reinos ocurrió debido al fracaso de parte de los gobernantes y del pueblo al no oír las advertencias de los mensajeros de Dios.

Versículos clave: *2 Reyes 17.22,23; 23.27*

Capítulo clave: *2 Reyes 25*

◆

Síntesis de Segundo de Reyes

El reino dividido (caps. 1—7)

Estos capítulos narran la corrupción de Israel en una sucesión de reyes desde Ocozías hasta Oseas. La situación de Judá durante este tiempo (Joram a Acaz) es algo mejor, pero está lejos de ser ideal. Este oscuro período en el reino del norte solo es interrumpido por el ministerio de profetas piadosos como Elías y Eliseo. Eliseo ordena a uno de sus profetas asistentes que unja a Jehú como rey de Israel. Jehú cumple las profecías sobre los descendientes de Acab dándoles muerte. Mata a Jezabel, esposa de Acab, a sus hijos y sacerdotes de Baal, pero no se aparta del culto al becerro de oro instituido por Jeroboam. Mientras tanto, en Judá, la hija de Jezabel, Atalía, mata a los descendientes de David, salvo a Joás, y usurpa el trono. Sin embargo, el sacerdote Joiada finalmente la saca del trono y pone a Joás en el poder. Joás restaura el templo y sirve a Dios.

Siria obtiene el control virtual sobre Israel, pero no hay res-

El Libro Segundo de Reyes

ENFOQUE	Reino dividido			Supervivencia del reino		
REFERENCIAS	1.1 ··········	·········· 9.1 ··········	·········· 17.1 ··········	·········· 18.1 ··········	·········· 22.1 ··········	·········· 25.1 ···25.30
DIVISIÓN	Ministerio de Eliseo bajo Ocozías y Joram	Reinado de diez reyes de Israel y ocho reyes de Judá	Caída de Israel	Reinados de Ezequías y dos reyes malos	Reinados de Josías y cuatro reyes malos	Caída de Judá
TEMA	Israel y Judá			Judá		
	Ocozías hasta Oseas			Ezequías hasta Sedequías		
LOCALIZACIÓN	Israel deportado a Asiria			Judá deportado a Babilonia		
TIEMPO	131 años (853-722 a.C.)			155 años (715-560 a.C.)		

puesta al castigo de Dios: los reyes y el pueblo se niegan a arrepentirse. Hay un período de restauración bajo Jeroboam II, pero la continua serie de reyes malos en Israel culmina en su aniquilación a manos de Asiria.

Supervivencia del reino (caps. 18—25)

Seis años antes de la caída de Samaria, la capital de Israel, Ezequías llega a ser el rey de Judá. Debido a su fe ejemplar y sus reformas, Dios libra a Jerusalén de Asiria y da una medida de prosperidad a Judá. Sin embargo, Manasés, el hijo de Ezequías, es tan idólatra que su largo reinado lleva a la caída de Judá. Ni siquiera las reformas posteriores de Josías pueden revertir el mal, y los cuatro reyes que le sucedieron son excesivamente malvados. Llega el juicio con tres deportaciones a Babilonia y la destrucción de Jerusalén. A pesar de todo, el libro termina con una nota de esperanza en que dios preserva un remanente para sí.

Bosquejo de Segundo de Reyes

Libro Primero de Crónicas

CLAVES DE PRIMERO DE CRÓNICAS

Palabras clave: *Visión sacerdotal del reinado de David*

Versículos clave: *1 Crónicas 17.11-14; 29.11*

Capítulo clave: *1 Crónicas 17*

El pacto con David, registrado en 2 Samuel 7 y 1 Crónicas 17, es esencial para el Libro Primero de Crónicas y para el resto de las Escrituras. Dios promete a David «lo confirmaré (a Jesucristo, simiente definitiva de David) en mi casa y en mi reino eternamente, y su trono será firme para siempre» (1 Cr 17.14).

Autor y fecha

Esdras, el sacerdote y escriba, es el autor más probable de 1 y 2 Crónicas. Los últimos dos versículos de 2 Crónicas se repiten en el libro de Esdras (originalmente escrito como un solo libro con Nehemías), indicando que iban juntos en la versión original. La mayoría de los eruditos concuerdan en que los cuatro libros fueron escritos y compilados por la misma persona, pero no todos aceptan la teoría de Esdras como autor.

Marco histórico

Primero y Segundo de Crónicas abarcan varios siglos de la historia del pueblo del pacto de Dios, desde los fundadores de la nación hasta el final de la cautividad babilónica y persa hacia el año 538 a.C. De esta forma se deja preparado el escenario para el regreso del pueblo judío a Jerusalén después que los persas derrotan a Babilonia y se convierten en la potencia dominante del mundo antiguo.

Cuándo ocurrieron los acontecimientos de Primero de Crónicas

Moisés 1500 a.C.

Reinado de David 1010 a.C.

Muerte de David 971 a.C.

Esdras 500 a.C.

Contribución teológica

Los libros Primero y Segundo de Crónicas no se deben leer solo como historias, sino por su percepción sobre el modo que Dios ha mantenido la fe con su pueblo del pacto a través de los siglos. Mediante la selección de acontecimientos que muestran cómo Dios ha cumplido sus promesas, el autor presenta una hermosa doctrina de la esperanza que comienza con Adán (1 Cr 1.1) y se extiende hasta el final de la cautividad del pueblo de Dios miles de años más tarde (2 Cr 36.22-23). Para el cristiano de hoy día la implicación clara es que Él todavía es un Dios de esperanza cuyo propósito final prevalecerá en el mundo y en la vida de su pueblo.

Síntesis de Primero de Crónicas

Línea real de David (1—9)

Estos nueve capítulos son las tablas genealógicas más completas de la Biblia. Desarrolla el árbol familiar de David e Israel de un modo altamente selectivo para mostrar que Dios obra en la selección y preservación de un pueblo para sí desde el principio de la historia de la humanidad al período posterior al exilio babilónico.

La genealogía va desde el período patriarcal (Adán a Jacob; 1.1—2.2) hasta el período nacional (Judá, Leví y las demás tribus de Israel; 2.3—9.44). La perspectiva sacerdotal de Crónicas es evidente por la atención especial dada a la tribu de Leví.

Reinado de David (10—29)

En 1 Crónicas la vida de David se ve bajo una luz totalmente diferente en comparación con 2 Samuel. Crónicas omite por completo las luchas de David con Saúl, sus siete años de reinado en Hebrón, sus diversas esposas, su pecado con Betsabé y la rebelión de Absalón, pero agrega hechos que no se encuentran en 2 Samuel, como los preparativos de David para el templo y sus servicios de adoración.

Al reinado de Saúl se dedica un solo capítulo (10), porque su corazón no fue recto delante de Dios. La historia de David comienza con su coronación sobre todo Israel después de reinar siete años como rey sobre Judá. Crónicas enfatiza su preocupación por las cosas de Dios, incluidos la devolución del arca y el deseo de edificar un templo para Dios. Dios establece su pacto esencial con David (17), y se fortalece y expande el reino bajo su gobierno (18—20). Se narra su pecado de contar al pueblo para enseñar las consecuencias de desobedecer la ley de Dios. La mayor parte del resto del libro (22—29) tiene que ver con los preparativos de David para la construcción del templo y el culto relacionado con él. A David no se le permite construir el templo (28.3), pero diseña los planos, reúne los materiales, prepara el lugar, y organiza a los levitas, sacerdotes, coros, porteros, soldados y mayordomos. El libro termina con su hermosa oración pública de alabanza y la ascensión de Salomón al trono.

El Libro Primero de Crónicas

ENFOQUE	Línea real de David		Reinado de David			
REFERENCIAS	1.1 ············· 10.1 ············· 13.1 ············· 18.1 ············· 21.1 ············· 28.1 ············· 29.30					
DIVISIÓN	Genealogías de David e Israel	Ascenso de David como rey	Adquisición del arca	Victorias de David	Preparativos para el templo	Últimos días de David
TEMA	Genealogía	Historia				
	Antepasados	Actividad				
LOCALIZACIÓN	Israel					
TIEMPO	Miles de años	c. 33 años				

Bosquejo de Primero de Crónicas

Libro Segundo de Crónicas

Los antecedentes y temas generales de 2 Crónicas se discuten bajo 1 Crónicas (pp. 66-67).

Cuándo ocurrieron los acontecimientos de Segundo de Crónicas

Moisés 1500 a.C.

Reinado de Salomón 971 a.C.

Reino dividido 931 a.C.

Cautividad Babilónica 587 a.C.

Edicto de Ciro 538 a.C.

Esdras 500 a.C.

◆

CLAVES DE SEGUNDO DE CRÓNICAS

Palabra clave: *Visión sacerdotal de Judá*

El Libro Segundo de Crónicas provee historias temáticas del final del reino unido (Salomón) y del reino de Judá. Más que anales históricos, Crónicas es un editorial divino sobre las características espirituales de la dinastía de David.

Versículos clave: *2 Crónicas 7.14; 16.9*

Capítulo clave: *2 Crónicas 34*

Segundo de Crónicas registra las reformas y avivamientos bajo reyes como Asa, Josafat, Joás, Ezequías y Josías.

◆

Síntesis de Segundo de Crónicas

Reinado de Salomón (1—9)

El reinado de Salomón introduce la edad de oro en Israel; era de paz, prosperidad y culto en el templo. El reino se mantiene unido y sus límites alcanzan su mayor extensión. La riqueza, sabiduría de Salomón, su palacio y el templo se hacen legendarios. Sus poderosas hazañas espirituales, políticas y arquitectónicas elevan a Israel a su cenit. Sin embargo, es en conformidad con el propósito de Crónicas que seis de estos nueve capítulos traten de la construcción y dedicación del templo.

El reinado de los reyes de Judá (10—36)

Desgraciadamente, la gloria de Israel tuvo corta vida. Poco después de la muerte de Salomón, la nación se divide y ambos reinos comienzan una caída en espiral que solo pudo ser retardada por las reformas religiosas. En general, la nación abandona el templo

El Libro Segundo de Crónicas

ENFOQUE	Reinado de Salomón			Reyes de Judá		
REFERENCIAS	1.1 ··········	2.1 ··········	8.1 ··········	10.1 ··········	14.1 ··········36.1 ····	36.23
DIVISIÓN	Investidura de Salomón	Edificación del templo	Gloria del reinado de Salomón	División del reino	Reformas bajo Asa, Josafat, Joás, Ezequías y Josías	Caída de Judá
	Construcción del templo			Destrucción del templo		
TEMA	Esplendor			Desastre		
LOCALIZACIÓN	Judá					
TIEMPO	c. 40 años			c. 393 años		

y el culto a Dios, y pronto se ve desgarrada por la guerra y la agitación. Los esfuerzos de reforma de algunos de los reyes de Judá fueron valientes, pero no duraron más allá de una generación. Cuando el rey sirve a Dios, Judá recibe bendición con prosperidad política y económica.

Bosquejo de Segundo de Crónicas

Libro de Esdras

Autor y fecha

En el Antiguo Testamento hebreo, Esdras y Nehemías aparecen como un solo libro, estrechamente relacionados en tema y estilo con los libros Primero y Segundo de Crónicas. Los últimos dos versículos de 2 Crónicas se repiten en los primeros tres versículos del libro de Esdras, indicando, probablemente, que deben ir juntos. Por esta razón muchos eruditos creen que Esdras es el autor y editor compilador de los cuatro libros en algún punto del quinto siglo a.C.

Marco histórico

El libro de Esdras es del período postexílico. Son los años en

Cuándo ocurrieron los acontecimientos de Esdras

David 1000 a.C. — Cautividad Babilónica 587 a.C. — Primer retorno a Jerusalén 538 a.C. — Retorno de Nehemías a Jerusalén 444 a.C. — Jesús 4 a.C.

◆

CLAVES DE ESDRAS

Palabra clave: *Templo*

El tema básico de Esdras es la reconstrucción del templo y la restauración espiritual, moral y social del remanente que regresó a Jerusalén bajo el liderazgo de Zorobabel y Esdras.

Versículos claves: *Esdras 1.3; 7.10*

Capítulo clave: *Esdras 6*

Esdras 6 narra la terminación y dedicación del templo, lo que estimula la obediencia del remanente para observar la Pascua y apartarse.

◆

que un remanente de la nación regresa a Jerusalén después de un exilio de unos cincuenta años en Babilonia. El retorno se produjo poco después que los persas derrotaron a los babilonios. A diferencia de los babilonios, los persas permitieron que las naciones subyugadas vivieran en sus regiones de origen bajo la autoridad de un gobernador y practicaron la tolerancia religiosa.

Contribución teológica

El tema del libro de Esdras es la restauración del remanente del pueblo del pacto de Dios en Jerusalén en obediencia a su ley. En su providencia, Dios llega a usar a los reyes persas inconversos para hacer su voluntad suprema y hacer regresar a su pueblo a su tierra.

Consideración especial

El trato de Esdras a las mujeres paganas con quienes se habían casado los varones judíos plantea un problema para algunos lectores de Esdras (10.10-19). ¿Cómo pudo ser tan cruel para que estas mujeres fueran despedidas (divorciadas) sin medios de sustento? Sus acciones se deben comprender a la luz de la drástica situación que enfrentaba la comunidad judía en Jerusalén después del exilio. Solo un pequeño remanente del pueblo del pacto había regresado, y para ellos era importante que se mantuvieran libres de la influencia de la idolatría pagana y de la cultura extranjera. Esdras debe haber comprendido, además, que este era uno de los problemas que en primer lugar los había llevado a la caída y a la cautividad.

Síntesis de Esdras

Restauración del templo (caps. 1—6)

Ciro, rey de Persia, proclama un decreto que permite al pueblo judío regresar a Jerusalén para reedificar el templo y para restablecerse en su tierra de origen. Unas cincuenta mil personas del pueblo regresaron bajo el liderazgo de Zorobabel, «príncipe de Judá» (descendiente directo del rey David) nombrado gobernador de Jerusalén por Ciro (2.64-65). Los que regresaron eran de las tribus de Judá, Benjamín y Leví; pero es evidente que también regresaron representantes de las demás tribus.

Zorobabel primero restaura el altar y las fiestas religiosas antes de comenzar con el trabajo del templo mismo. Se pone el fundamento del templo, pero hay oposición y cesa el trabajo. Los profetas Hageo y Zacarías exhortan al pueblo para que vuelvan a edificar el templo (5.1,2), y la obra se reinicia dirigida por Zorobabel y Josué el sumo sacerdote. Tatnai, el gobernador persa, reclama ante el rey Darío I sobre la construcción del templo y se opone a la autoridad de ellos para continuar. Darío encuentra el decreto de Ciro y lo confirma, aun obligando a Tatnai que completara lo necesario para acabar la obra.

La reforma del pueblo (caps. 7—10)

Por la autoridad del rey Artajerjes, y bajo Esdras, se produjo un retorno en menor escala ochenta y un años después del primer re-

El Libro de Esdras

ENFOQUE	Restauración del templo		Reforma del pueblo	
REFERENCIAS	1.1 ··········	3.1 ··········	7.1 ·········· 9.1 ·········· 10.44	
DIVISIÓN	Primer retorno a Jerusalén	Edificación del templo	Segundo retorno a Jerusalén	Restauración del pueblo
TEMA	Zorobabel		Esdras	
	Primer retorno de 49.897		Segunda retorno de 1.754	
LOCALIZACIÓN	De Persia a Jerusalén		De Persia a Jerusalén	
TIEMPO	22 años (538-516 a.C.)		1 año (458-457) a.C.	

torno dirigido por Zorobabel. Regresaron menos de dos mil
hombres, pero Dios usa a Esdras para reedificar espiritual y mo-
ralmente al pueblo. Cuando Esdras descubre que el pueblo y los
sacerdotes se han casado con mujeres extranjeras, se identifica
con el pecado de su pueblo y ofrece una gran oración intercesora
en su favor. Durante el lapso de 58 años entre Esdras 6 y 7, el pueblo cae en un estado de confusión espiritual y Esdras se alarma.
Responden rápidamente a la confesión y al lamento de Esdras, y
hacen el pacto de dejar a sus mujeres extranjeras para vivir conforme a la ley de Dios. Esta confesión y respuesta a la palabra de
Dios produce un gran avivamiento.

Bosquejo de Esdras

Libro de Nehemías

◆

CLAVES DE NEHEMÍAS

Palabra clave: *Muros*

Mientras Esdras trata de la restauración religiosa de Judá, a Nehemías le preocupa principalmente la restauración política y geográfica de Judá. Los primeros siete capítulos se dedican a la reedificación de los muros de Jerusalén, pues Jerusalén era el centro espiritual y político de Judá. Sin muros, Jerusalén difícilmente podía ser considerada una ciudad.

Versículos clave: *Nehemías 6.15,16; 8.8*

Capítulo clave: *Nehemías 9*

La clave del Antiguo Testamento es el pacto, ya que es su tema y factor unificador. La historia de Israel se puede dividir de acuerdo con la obediencia o desobediencia de la nación al pacto condicional de Dios: bendiciones por la obediencia y destrucción por la desobediencia. Nehemías 9 registra que al completarse el muro de Jerusalén la nación confirmó su lealtad al pacto.

◆

Autor y fecha

Como fueron escritos originalmente en hebreo, Nehemías, 1 y 2 Crónicas y Esdras formaban un solo libro continuado, escrito probablemente por el sacerdote Esdras. La mayoría de los autores conservadores, sin embargo, creen que Nehemías contribuyó en parte del material que aparece en el libro que lleva su nombre (caps. 1—7,11—13).

Marco histórico

El libro de Nehemías se ubica en el tiempo crucial de la historia judía conocido como posexilio. Estos fueron los años después del retorno del pueblo del pacto a su patria alrededor del año 538 a.C., después de 70 años de cautiverio en Babilonia y Persia.

Cuándo ocurrieron los acontecimientos de Nehemías

David 1000 a.C. — Primer retorno a Jerusalén 538 a.C. — Retorno de Nehemías 444 a.C. — Segunda purificación 425 a.C. — Jesús 4 a.C.

Contribución teológica

Nehemías es un excelente estudio de caso sobre el liderazgo ingenioso, valiente y el poder de la oración. A pesar de las abrumadoras oposiciones, animó al pueblo «levantémonos y edifiquemos» (2.18). La rápida terminación del muro ha sido una inspiración para un sinnúmero de cristianos a lo largo de los siglos que han enfrentado el desafío de realizar alguna tarea importante para la gloria de Dios.

Síntesis de Nehemías

La reconstrucción del muro (caps. 1—7)

Cuando Nehemías se entera de la segunda destrucción de los muros de Jerusalén se preocupa por su pueblo y por el bienestar de Jerusalén, lo que lo lleva a entrar en acción. Ora en favor de su

El Libro de Nehemías

ENFOQUE	Reconstrucción del muro		Restauración del pueblo	
REFERENCIAS	1.1 ·········· 3.1 ··········		8.1 ·········· 11.1 ··········	··········13.31
DIVISIÓN	Preparativos para reconstruir el muro	Reconstrucción del muro	Renovación del pacto	Obediencia al pacto
TEMA	Político		Espiritual	
	Construcción		Instrucción	
LOCALIZACIÓN	Jerusalén			
TIEMPO	19 años (444-425 a.C.)			

pueblo y luego consigue el permiso, provisión y protección de Artajerjes para el gran proyecto de reconstrucción de los muros.

El retorno bajo Nehemías el año 444 a.C. ocurre trece años después del retorno dirigido por Esdras, y noventa y cuatro años después del retorno liderado por Zorobabel. Nehemías inspecciona los muros y comienza de inmediato el trabajo, pero se levanta oposición en forma de burla y conspiración. Nehemías pone a la mitad de su gente como vigilantes militares y la otra mitad en la construcción. Además enfrenta los problemas internos con oración y acción a modo de ejemplo.

La restauración del pueblo (caps. 8—13)

La consagración y consolidación del pueblo sigue a la construcción de los muros. Esdras, el sacerdote, es el líder del avivamiento espiritual (caps. 8—10). Esdras hace una maratónica lectura de la ley ante el pueblo y se renueva el pacto con Dios cuando el pueblo se compromete a separarse de los gentiles en cuanto al matrimonio y a obedecer los mandamientos divinos.

Se echan suertes para decidir quién regresará a las ciudades de su heredad y quién quedará en Jerusalén. Se requiere que una décima parte permanezca en Jerusalén, y el resto de la tierra vuelva a ser repartida entre el pueblo y los sacerdotes. Los muros de Jerusalén son dedicados al Señor en una alegre ceremonia acompañada por música.

Desgraciadamente, el avivamiento de Esdras dura poco y Nehemías, quien regresó a Persia en el año 432 a.C. (13.6) hace un segundo viaje a Jerusalén hacia el año 425 a.C. para reformar al pueblo. Limpia el templo, hace obligatorio que se observe el día de reposo y exige al pueblo que deje a todas las esposas extranjeras.

Bosquejo de Nehemías

Primera parte: Reconstrucción del muro (1.1—7.73)

El libro de Ester

Autor y fecha

Durante siglos los eruditos han debatido sobre quién es el autor de Ester. Mientras no surjan nuevas evidencias, el autor sigue siendo anónimo. El libro debe de haber sido escrito poco después de 465 a.C., cerca del fin del reinado del rey Jerjes.

Marco histórico

El libro de Ester es históricamente valioso porque da una visión

◆

CLAVES DE ESTER

Palabra clave: *Providencia*

El libro de Ester fue escrito para mostrar cómo el pueblo judío fue protegido y preservado por la mano misericordiosa de Dios de la amenaza de aniquilación. Aunque Dios disciplina al pueblo del pacto, nunca lo abandona.

Versículos clave: *Ester 4.14; 8.17*

Capítulo clave: *Ester 8*

Según el libro de Ester, la salvación de los judíos se logra por medio del segundo decreto del rey Asuero, que permite a los judíos defenderse contra sus enemigos. El capítulo 8 registra este hecho fundamental que tuvo como resultado que «muchos de entre los pueblos de la tierra se hacían judíos» (8.17).

◆

del pueblo judío que estaba esparcido a través del mundo antiguo después del exilio babilónico. Cuando derribaron a los babilonios, los persas permitieron a los judíos el regreso a su tierra natal; pero

Cuándo ocurrieron los acontecimientos de Ester

David 1000 a.C. | Cautividad babilónica 587 a.C. | Primer retorno a Jerusalén 538 a.C. | Retorno de Nehemías a Jerusalén 444 a.C. | Jesús 4 a.C.

miles de ciudadanos judíos permanecieron en Persia. Este es el escenario de Ester.

Contribución teológica

Desde Génesis, Dios dejó en claro que iba a bendecir a su pueblo del pacto y traería una maldición sobre los que trataran de dañarlo (Gn 12.1,3). Ester muestra una vez más que podemos confiar en que Dios obrará su propósito final de redención de nuestras vidas.

Síntesis de Ester

La amenaza contra los judíos (caps. 1—4)

Asuero —rey Jerjes de Persia— celebra un lujoso banquete para exhibir su gloria real ante el pueblo de Susa, y con orgullo procura hacer de la belleza de la reina Vasti parte de su programa. Cuando ella se niega a presentarse, el rey busca otra reina, y Ester gana el «concurso de belleza». Por instrucción de su primo Mardoqueo, no revela su origen judío. Con la ayuda de ella, Mardoqueo puede advertir al rey una conspiración para matarlo, y este hecho queda anotado en las crónicas del palacio.

Mientras tanto, Amán se convierte en el jefe de los príncipes, pero Mardoqueo se niega a inclinarse delante de él. A modo de venganza, convence a Asuero que emita un edicto según el cual todos los judíos del imperio deben morir once meses más tarde en un solo día. Mardoqueo le pide a Ester que apele al rey para salvar la vida de los judíos.

El triunfo de los judíos (caps. 5—10)

Luego de ayunar, Ester se presenta ante el rey para invitarlo a un banquete con Amán. En el banquete les pide que asistan a un segundo banquete, mientras busca el momento adecuado para dar a conocer su petición. Amán se siente envanecido, pero después siente rabia cuando ve a Mardoqueo. Acepta la sugerencia de su esposa de construir una gran horca para su enemigo. Esa noche Asuero se desvela y descubre que no se ha recompensado a Mardoqueo y le pide consejo a Amán. Este piensa equivocadamente que es a él a quien quiere honrar el rey, y le dice al rey los honores que debe otorgar, solo para descubrir que la recompensa

El Libro de Ester

ENFOQUE	Amenaza contra los judíos		Triunfo de los judíos	
REFERENCIAS	1.1 ············· 2.21 ·············	············· 5.1 ·············	············· 8.4 ·············	············· 10.3
DIVISIÓN	Elección de Ester como reina	Conspiración de Amán	Triunfo de Mardoqueo sobre Amán	Triunfo de Israel sobre sus enemigos
TEMA	Fiestas de Asuero		Fiestas de Ester y Purim	
	Grave peligro		Gran liberación	
LOCALIZACIÓN	Persia			
TIEMPO	10 años (483-473 a.C.)			

es para Mardoqueo. En el segundo banquete, Ester hace la petición en favor de su pueblo y acusa a Amán por su traición. El rey furioso hace que se cuelgue a Amán en la horca preparada para Mardoqueo.

La ley de Persia, sellada con el anillo del rey (3.12), no podía ser revocada, pero ante la petición de Ester, el rey emite un nuevo decreto a todas las provincias permitiendo que los judíos se unan para defenderse el día cuando fueran atacados por sus enemigos. Los judíos derrotaron a sus enemigos en sus ciudades a través de las provincias de Persia, y Mardoqueo asciende a la posición que le seguía a la del rey.

Bosquejo de Ester

TRES

LIBROS DE POESÍA Y SABIDURÍA

◆

APROXIMADAMENTE un tercio del Antiguo Testamento está escrito en forma de poesía. Esto incluye libros enteros (salvo breves secciones en prosa) tales como Job, Salmos, Proverbios, Cantares de Salomón y Lamentaciones.

La literatura sapiencial del Antiguo Testamento está formada por los libros de Job, Proverbios y Eclesiastés y algunos Salmos. La *sabiduría práctica* (por ejemplo, Proverbios) consiste principalmente de dichos sabios que ofrecen directrices para una vida de éxito y felicidad. La *sabiduría especulativa* (por ejemplo, Job) reflexiona en los más profundos problemas sobre el sentido y el valor de la vida, y la existencia del mal en el mundo.

LIBROS DE POESÍA Y SABIDURÍA	
LIBRO	**RESUMEN**
Job	Examen de los problemas de mal y del sufrimiento humano
Salmos	Libros de cantos o himnario del antiguo Israel
Proverbios	Dichos sabios y observaciones con el propósito de desarrollar actitudes y conductas correctas.

Eclesiastés	Descripción filosófica de la vanidad de la vida sin Dios
Cantar de los Cantares	Canto de amor que describe la belleza de una relación de amor humano como símbolo del amor divino

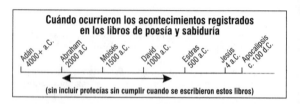

Cuándo ocurrieron los acontecimientos registrados en los libros de poesía y sabiduría

Adán 4000+ a.C. Abraham 2000 a.C. Moisés 1500 a.C. David 1000 a.C. Esdras 500 a.C. Jesús 4 a.C. Apocalipsis c. 100 d.C.

(sin incluir profecías sin cumplir cuando se escribieron estos libros)

El libro de Job

Autor y fecha

El autor de Job es desconocido, y no hay indicios textuales de su identidad. El trasfondo cultural no hebraico del libro podría indicar un autor de origen gentil. La fecha del escrito es también un misterio. Algunos lo ubican en el segundo siglo a.C., pero muchos eruditos conservadores y la evidencia histórica favorecen los alrededores del año 950 a.C., edad de oro de la literatura sapiencial.

Marco histórico

Es probable que Job haya vivido en la época del patriarca Abraham, entre 2000 y 1800 a.C. Como Abraham, la riqueza de Job se mide en ovejas y ganado.

◆

CLAVES DE JOB

Palabra clave: *Soberanía*

La pregunta básica del libro es: «¿Por qué sufren los justos si Dios es amante y todopoderoso?» El sufrimiento en sí no es el tema central; en lugar de esto, el enfoque está en lo que Job *aprende* de su sufrimiento; esto es, la soberanía de Dios sobre toda la creación.

Versículos claves: *Job 13.15; 37.23,24*

Capítulo clave: *Job 42*

Frente al pleno reconocimiento de la majestad y soberanía suprema de Dios, Job se arrepiente y ya no exige una respuesta al «porqué» de su crisis.

◆

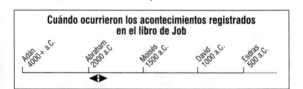

Cuándo ocurrieron los acontecimientos registrados en el libro de Job

Adán 4000+ a.C. — Abraham 2000 a.C. — Moisés 1500 a.C. — David 1000 a.C. — Esdras 500 a.C.

Contribución teológica

Job nos enseña que a veces los justos deben sufrir sin conocer la razón; por eso es importante confiar en Dios en todo. Cuando vemos su grandeza, como Job, nos inclinamos en humilde sumisión.

Síntesis de Job

El dilema de Job (caps. 1—2)

Escrito en forma de poema dramático, Job comienza con dos capítulos introductorios, o prólogo de forma narrativa, que presenta el escenario para el resto del libro.

Job se considera un hombre rico en la cultura patriarcal del mundo antiguo. Pero Satanás insiste en que la integridad de este hombre justo nunca ha sido probada. Acusa a Job de servir a Dios solo porque Dios lo ha protegido y lo ha enriquecido. Dios otorga la autorización para que comience la prueba.

De una manera rápida, mueren todos los hijos e hijas de Job, y sus enemigos se llevan todo su ganado. Finalmente Job mismo es atacado por una terrible enfermedad en la piel. En su tristeza se sienta a lamentar en un montón de cenizas, y se rasca las llagas con un trozo de alfarería mientras llora su infortunio.

Los debates de Job (caps. 3—37)

Tres amigos de Job, Elifaz, Bildad y Zofar, llegan para acompañarle en su dolor y le ofrecen su consuelo. Pero en vez de consolar a Job, estos amigos se lanzan en largas conferencias y debates filosóficos para demostrar a Job las razones de su sufrimiento. Las respuestas de Job a sus suposiciones simplistas crecen en fervor emocional durante los ciclos del debate. Presenta tres quejas básicas: (1) Dios no me oye (13.3,24,19.7; 23.3-5; 30.20); (2) Dios me está castigando (6.4; 7.20; 9.17); y (3) Dios permite la prosperidad de los malos (21.7). Después del monólogo final de Job (caps. 27-31), Eliú refresca el aire con una visión más perceptiva y exacta que las ofrecidas por Elifaz, Bildad y Zofar (caps. 32—37).

Liberación de Job (caps. 38—42)

Después del discurso preparatorio de Eliú, Dios mismo pone fin al debate y le habla a Job desde un torbellino. En su primer discurso Dios revela su poder y sabiduría como Creador y Preservador del mundo físico y animal. Job responde reconociendo su ignorancia e insignificancia; no puede refutar (40.3-5). En su se-

El Libro de Job

ENFOQUE	Dilema de Job	Debates de Job						Liberación de Job
REFERENCIAS	1.1 ⸺ 3.1 ⸺		15.1 ⸺	22.1 ⸺	27.1 ⸺	32.1 ⸺	38.1 ⸺	42.17
DIVISIÓN	Controversia entre Dios y Satanás	Primer ciclo de debates	Segundo ciclo de debates	Tercer ciclo de debates	Defensa final de Job	La solución de Eliú	Controversia de Dios con Job	Arrepentimiento
TEMA	Conflicto	Debate						
	Prosa	Poesía						Prosa
LOCALIZACIÓN	La tierra de Uz (norte de Arabia)							
TIEMPO	Período patriarcal (c. 2000 años a.C.)							

gundo discurso, Dios revela su autoridad soberana y desafía a Job
con dos ilustraciones de su poder de controlar lo incontrolable.
Esta vez Job responde reconociendo su error con corazón arrepentido (42.1-6). Cuando reconoce la soberanía de Dios sobre su
vida, se le restaura el doble de sus bienes materiales. Job ora por
sus tres amigos que lo han herido tan profundamente, pero el discurso de Eliú nunca recibe una respuesta.

Bosquejo de Job

Libro de los Salmos

❖

CLAVES DE LOS SALMOS

Palabra clave: *Adoración*

El tema central del libro de los Salmos es la adoración: Dios es digno de toda alabanza por lo que Él es, por lo que ha hecho y por lo que hará. Su bondad se extiende a través de todo el tiempo y la eternidad.

Versículos claves: *Salmos 19.14; 145.21*

Capítulo clave: *Salmo 100*

Hay tantos capítulos favoritos en los Salmos que es difícil seleccionar un capítulo clave entre salmos como: 1; 22; 23; 24; 37; 72; 100; 101; 119; 121 y 150. Los dos temas centrales de adoración y alabanza se entretejen en forma hermosa en el Salmo 100.

❖

Autor, fecha y ubicación histórica

Mucha gente piensa automáticamente en David cuando consideran la pregunta: ¿quién escribió los Salmos? Un joven pastor de ovejas que se levantó hasta llegar a ser el más famoso rey de Judá, también fue conocido como «el dulce cantor de Israel» (2 S 23.1). Aunque es claro que David escribió muchos de los Salmos, definitivamente no es el autor de toda la colección. Dos de los Salmos (72 y 127) se atribuyen a Salomón, hijo y sucesor de David. El Salmo 90 es una oración de Moisés. Otro grupo de 12 Salmos (50 y 73—83 se atribuyen a la familia de Asaf. Los hijos de Coré escribieron 11 salmos (42; 44—49; 84—85; 87—88). El Salmo 88 se atribuye a Hemán, mientras el Salmo 89 se atribuye a Etán Ezraíta. Con la excepción de Salomón y Moisés, todos estos autores adicionales eran sacerdotes o levitas que tenían la responsabilidad de proveer música para el culto en el santuario durante el reinado de David. Cincuenta de los Salmos no señalan una persona específica como autor. Probablemente fueron escritos por diversas personas.

Un examen cuidadoso de la cuestión del autor y de las materias que abarcan los salmos mismos, revelan que abarcan un período de varios siglos. El Salmo más antiguo de la colección tal vez sea la oración de Moisés (Sal 90), una reflexión sobre la fragilidad del hombre en comparación con la eternidad de Dios. El salmo más reciente probablemente sea el 137, un lamento claramente escrito en los días cuando los hebreos eran cautivos de los babilonios, entre 586 a 538 a.C.

Cuándo fueron compuestos los Salmos

Moisés 1500 a.C. — Unción de David 1018 a.C. — Muerte de Salomón 931 a.C. — Fin del cautiverio babilónico 538 a.C. — Esdras 500 a.C.

(Salmo 90   Salmo 137

Contribución teológica

Podemos pensar en los Salmos como una descripción de nuestra respuesta humana a Dios. A veces Dios se presenta en toda su majestad y gloria, y nuestra respuesta es maravillarnos, mostrar reverencia o temor. Otros Salmos describen a Dios como el Señor amante que interviene en nuestra vida, y nuestra respuesta es allegarnos a su consuelo y seguridad.

Los Salmos también tienen mucho que decir de la persona y obra de Cristo: Iba a ser crucificado (Sal 22); sería sacerdote según

el orden de Melquisedec (Sal 110.4; Heb. 5.6); oraría por sus enemigos (Sal 109.4; Lc 23.34); y su trono sería establecido para siempre (Sal 45.6; Heb 1.8).

Consideración especial

Los Salmos dan los mejores ejemplos en la Biblia sobre la naturaleza de la poesía hebrea. El principio sobre el cual se basa esta
poesía no es el ritmo ni la rima, sino el paralelismo, una frase seguida de otra que dice esencialmente lo mismo pero en forma
más creativa y expresiva. Este es un buen ejemplo de esta técnica
poética:

Jehová de los ejércitos está con nosotros;
Nuestro refugio es el Dios de Jacob (46.11).

Este ejemplo se conoce como *paralelismo sinónimo*, porque la
segunda frase expresa el mismo pensamiento de la primera. Pero
a veces la segunda línea introduce un pensamiento que es directamente opuesto a la primera idea. Este se conoce como *paralelismo
antitético*. He aquí un ejemplo de esto:

Porque Jehová conoce el camino de los justos;
Mas la senda de los malos perecerá (1.6).

Un tercer tipo de paralelismo en la poesía hebrea se puede llamar *progresivo*, o ascendente, en que parte de la primera línea se
repite en la segunda, pero se añade algo más. Por ejemplo:

Alzaron los ríos, oh Jehová,
los ríos alzaron su sonido;
alzaron los ríos sus ondas (93.3).

Otro recurso literario utilizado por los escritores hebreos para
dar a sus Salmos un estilo y ritmo peculiar es el *acróstico alfabético*.
El mejor ejemplo de esta técnica es el Salmo 119, el más largo de la
colección, que contiene 22 secciones diferentes de ocho versículos cada una. Cada sección va encabezada por una letra diferente

del alfabeto hebreo. En el idioma original, cada versículo de las divisiones del Salmo comienza con la letra hebrea que la encabeza. Muchos traductores modernos de la Biblia incluyen estas letras hebreas como parte de la estructura del Salmo. Escribir este poema con ese tipo de estructura requería un elevado grado de habilidad literaria.

Síntesis de los Salmos

En los manuscritos hebreos originales, esta extensa colección de 150 Salmos se divide en cinco secciones:

Libro 1 (1—41)
Libro 2 (42—72)
Libro 3 (73—89)
Libro 4 (90—106)
Libro 5 (107—150)

Cada una de estas grandes secciones finaliza con una breve oración de alabanza o doxología. Muchas traducciones modernas (incluida RVR 60) conservan esta división en cinco partes.

La siguiente clasificación divide los Salmos en diez tipos:

(1) *Salmos de lamento personal*: Dirigidos a Dios, estos Salmos le piden que rescate y defienda a un individuo. Tienen los siguientes elementos: (a) una introducción (generalmente un clamor a Dios), (b) el lamento (c) una confesión de confianza en Dios, (d) la petición, (e) declaración o voto de alabanza. La mayoría de los Salmos son de este tipo (p.ej., 3—7; 12; 13; 22; 25—28; 35; 38—40; 42; 43; 51; 54—57; 59; 61; 63; 64; 69—71; 86; 88; 102; 109; 120; 130; 140—143).

(2) *Salmos de lamento comunitario*: La única diferencia es que la nación y no el individuo es quien hace el lamento (p.ej., 44; 60; 74; 80; 83; 85; 90; y 123)

(3) *Salmos personales de acción de gracias*: El salmista reconoce públicamente la actividad de Dios en su favor. Estos Salmos agradecen a Dios por algo que ha hecho o expresan confianza por lo que hará. Tienen los siguientes elementos: (a) proclamación de

El Libro de Salmos

LIBRO	Libro I (1—41)	Libro II (42—72)	Libro III (73—89)	Libro IV (90—106)	Libro V (107—150)
AUTOR PRINCIPAL	David	David y Coré	Asaf	Anónimos	David y anónimos
NÚMERO DE SALMOS	41	31	17	17	44
CONTENIDO BÁSICO	Cantos de adoración	Himnos de interés nacional		Himnos de alabanza	
SEMEJANZA TEMÁTICA CON EL PENTATEUCO	Génesis: Humanidad y creación	Éxodo: Liberación y redención	Levítico: Adoración y santuario	Números: Desierto y peregrinación	Deuteronomio: Escritura y alabanza
DOXOLOGÍA FINAL	41.13	72.18,19	89.52	106.48	150.1-6
POSIBLE COMPILADOR	David	Ezequías o Josías		Esdras o Nehemías	
FECHA POSIBLE DE COMPILACIÓN	c. 1020-970 a.C.	970-610 a.C.		Hasta c. 430 a.C.	

alabanza a Dios, (b) declaración sumaria, (c) anuncio de la liberación, y (d) voto renovado de alabanza (p.ej. 18; 30; 32; 34; 40; 41; 66; 106; 116; y 138).

(4) **Salmos comunitarios de acción de gracias**: En estos Salmos el reconocimiento lo hace la nación y no un individuo (véanse Salmos 124 y 129).

(5) **Salmos generales de alabanza**: Estos Salmos son más generales que los Salmos de acción de gracias. Los salmistas tratan de magnificar el nombre de Dios y se glorían en su grandeza (véanse 8; 19; 29; 103; 104; 139; 148; 150). La exclamación de gozo «aleluya» («alabado el Señor») se encuentra en varios de estos Salmos.

(6) **Salmos descriptivos de alabanza**: Estos Salmos alaban a Dios por sus atributos y sus hechos (p.ej. 33; 36; 105; 111; 113; 117; 135; 136; 146; 147).

(7) **Salmos de entronización**: Estos Salmos describen el reinado soberano de Jehová sobre todo (véanse 47; 93; 96—99). Algunos anuncian el Reino de Cristo.

(8) **Salmos de peregrinación**: Conocidos también como cantos de Sion, estos Salmos los cantaban los peregrinos que viajaban a Jerusalén para las fiestas anuales de la Pascua, Pentecostés y los Tabernáculos (véanse 43; 46; 48; 76; 84; 87; 120—134).

(9) **Salmos reales**: En la mayoría de estos Salmos se describen los reinados de reyes terrenales y el del Rey celestial (p.ej., 2; 18; 20; 21; 45; 72; 101; 110; 132 y 144).

(10) **Salmos sapienciales y didácticos**: Exhortan e instruyen al lector en el camino de la justicia (véanse 1; 37; 119).

Libro de Proverbios

◆

CLAVES DE PROVERBIOS

Palabra clave: *Sabiduría*

Proverbios es uno de los pocos libros de la Biblia que expresa claramente su propósito. Las palabras «sabiduría y doctrina» en 1.2 se complementan entre sí porque *sabiduría* (*hokma*) significa «habilidad» y *doctrina* (*musar*) significa «disciplina». Ninguna habilidad se perfecciona sin disciplina, y cuando una persona tiene habilidad es libre para crear algo hermoso. Proverbios trata con la más importante de las habilidades: la justicia práctica delante de Dios en cada ámbito de la vida.

Versículos claves: *Proverbios 1.5-7 y 3.5,6*

Capítulo clave: *Proverbios 31*

El último capítulo de Proverbios es único en la literatura antigua, debido a que revela una visión muy elevada y noble de la mujer.

◆

Autor y fecha

El nombre de Salomón como autor se asocia con el libro de Proverbios desde el principio. Se encuentra evidencia adicional de su autoría dentro del libro mismo donde se identifica a Salomón como autor de porciones que claramente se atribuyen a otros escritores, «los sabios» (22.17), Agur (30.1) y el rey Lemuel (31.1). Muchos eruditos creen que Salomón escribió el núcleo básico de Proverbios pero agregó escritos de otras fuentes y dan crédito adecuado a sus autores. Además, una segunda colección de proverbios atribuidos a Salomón (caps. 25—29) fueron agregados al libro unos 200 años después de su muerte.

En su versión original el libro debe de haber sido escrito y compilado por Salomón en algún momento durante su reinado de 970 a.C. a 931 a.C. Entonces, hacia el año 720 a.C., fue agregado el material incluido en los capítulos 25 — 29.

Cuándo fueron escritos y compilados los Proverbios

Moisés 1500 a.C. | Reinado de Salomón 970-931 a.C. | Ezequías 720 a.C. | Esdras 500 a.C.

Contribución teológica

La contribución distintiva de Israel al pensamiento de los sabios de todas las naciones y épocas es que la verdadera sabiduría se centra en el respeto y reverencia a Dios. Este es el gran tema que yace en el fundamento del libro de Proverbios.

Consideración especial

Al leer el libro de Proverbios es necesario asegurarnos de no convertir estos dichos sabios en promesas literales. Los Proverbios son afirmaciones de la forma en que ocurren las cosas en el mundo de Dios. Por ejemplo, es generalmente cierto que quienes guardan los mandamientos de Dios disfrutarán «largura de días y años de vida» (3.2). Pero esto no se debe interpretar como una garantía rigurosa. Es importante observar las leyes de Dios, no importa cuán larga o breve pueda ser nuestra vida terrenal.

Síntesis de Proverbios

El propósito de Proverbios (1.1-7)

El breve prólogo presenta el autor, el tema y el objetivo del libro.

Proverbios para la juventud (1.8—9.18)

Después de la introducción hay una serie de diez exhortaciones que comienzan con «hijo mío» (1.8—9.18). Estos mensajes introducen el concepto de sabiduría en el formato del esfuerzo de un padre por persuadir a su hijo que siga el camino de la sabiduría para lograr un éxito piadoso en la vida. La sabiduría rechaza la invitación al crimen y a la necedad, recompensa a los que la buscan en todos los ámbitos, y la disciplina de la sabiduría da libertad y seguridad (1—4).

La sabiduría lo protege a uno de la sensualidad ilícita y sus consecuencias, desde las prácticas necias y de la pereza, y del adulterio y de la seducción de la ramera (5—7).

Es preferible la sabiduría a la necedad debido a su origen divino y sus abundantes beneficios (8—9). Hay cuatro clases de necios, que van desde los ingenuos e indiferentes hasta los escarnecedores que con arrogancia desprecian el camino de Dios. El necio no es mentalmente deficiente; se cree autosuficiente y ordena su vida como si Dios no existiera.

Proverbios de Salomón (10.1—24.34)

Hay muy poco arreglo temático en estos capítulos. Hay algunos agrupamientos temáticos (p.ej., 26.1-12, 13-16, 20-22), pero la mayoría de las unidades son máximas de un solo verso. Es útil reunir y organizar estos proverbios según temas específicos como el dinero o el hablar. La colección de Salomón está formada por 375 proverbios de Salomón.

Los capítulos 10—15 hacen un contraste entre el bien y el mal en la práctica y todos, menos 19 proverbios, son paralelismo antitético, esto es, presenta en pares paralelos principios opuestos.

Los capítulos 16.1—22.16 ofrecen una serie de verdades evidentes y todos menos dieciocho proverbios usan el paralelismo sinónimo, o sea, ponen en pares paralelos principios idénticos o similares.

Las palabras de los sabios (22.17—24.34) se dan en dos grupos.

El Libro de Proverbios

ENFOQUE	Propósito de Proverbios	Proverbios para la juventud	Proverbios de Salomón	Proverbios de Salomón (Ezequías)	Palabras de Agur	Palabras de Lemuel
REFERENCIAS	1.1 ············· 1.8 ················· 10.1 ················· 25.1 ················· 30.1 ················· 31.1 ················· 31.31					
DIVISIÓN	Propósito y tema	Exhortaciones de un padre	Primer colección de Salomón	Segunda colección de Salomón	Proverbios numéricos	La esposa virtuosa
TEMA	Prólogo	Principios de sabiduría			Epílogo	
	Elogio de la sabiduría	Consejo de la sabiduría			Comparaciones de la sabiduría	
LOCALIZACIÓN	Judá					
TIEMPO	c. 970-720 a.C.					

El primer grupo incluye treinta y seis dichos distintos
(22.17—24.22) y seis más se encuentran en un segundo grupo
(24.23-34).

Proverbios copiados por los varones de Ezequías (25.1—29.27)

Esta segunda colección salomónica fue copiada y organizada
por los varones de Ezequías (25.1). Los Proverbios de los capítulos 25—29 desarrollan los temas de la primera colección de Salomón.

Palabras de Agur (30.1-33)

Los últimos dos capítulos de Proverbios forman un apéndice
de dichos que de otro modo no serían conocidos, Agur y Lemuel.
La mayor parte de los materiales de Agur se da en agrupaciones
de proverbios numéricos.

Palabras del rey Lemuel (31.1-31)

El último capítulo incluye un acróstico de veintidós versículos
(la primera letra de cada versículo sigue el orden del alfabeto hebreo) y describe a la mujer virtuosa.

Bosquejo de Proverbios

I. **El propósito de Proverbios 1.1-7**

II. **Proverbios para la juventud 1.8—9.18**

A. Obedecer a los padres	1.8,9
B. Evitar las malas compañías	1.10-19
C. Buscar la sabiduría	1.20—2.22
D. Beneficios de la sabiduría	3.1-26
E. Sé bondadoso con los demás	3.27-35
F. El padre dice, adquiere sabiduría	4.1-13
G. Evita a los malos	4.14-22
H. Guarda tu corazón	4.23-27
I. No cometas adulterio	5.1-14
J. Sé fiel a tu esposa	5.15-23

Libro de Eclesiastés

Autor y fecha

El rey Salomón de Israel, notable por su gran sabiduría y vastas riquezas, ha sido aceptado tradicionalmente como el autor de Eclesiastés, aunque algunos eruditos notan que usa palabras y frases que pertenecen a un tiempo muy posterior en la historia de Israel. El libro probablemente fue escrito en algún momento entre 970 y 931 a.C.

Contribución teológica

El libro de Eclesiastés tiene un mensaje poderoso para nuestra era egoísta y materialista. Enseña que los grandes logros y las posesiones terrenales por sí solas no traen una felicidad duradera. La

◆

CLAVES DE ECLESIASTÉS

Palabra clave: *Vanidad*

La palabra *vanidad* aparece 37 veces para expresar las muchas cosas de la vida que no se pueden entender. Todas las metas y ambiciones terrenales llevan a la falta de satisfacción y frustración cuando se persiguen como un fin en sí, aparte de Dios.

Versículos claves: *Eclesiastés 2.24 y 12.13,14*

Capítulo clave: *Eclesiastés 12*

Solo cuando el predicador considera la vida desde la perspectiva de Dios «más allá del sol» adquiere sentido como don precioso «de la mano de Dios» (2.24). El capítulo 12 resuelve la extensa investigación del libro acerca del sentido de la vida con la singular conclusión: «Teme a Dios y guarda sus mandamientos, porque esto es el todo del hombre» (12.13).

◆

verdadera satisfacción viene de servir a Dios y de seguir su voluntad en nuestra vida.

Pero otra verdad importante de Eclesiastés, que a menudo pasamos por alto, es que la vida es para disfrutarla. «Es don de Dios que todo hombre coma y beba, y goce el bien de toda su labor» (3.13).

Consideración especial

Uno de los más impactantes pasajes en la Biblia es el poema de Eclesiastés sobre el tiempo oportuno para cada cosa: «tiempo de nacer, tiempo de morir» (3.2). Este texto, si se toma en serio puede restaurar el equilibrio en nuestra vida.

Síntesis de Eclesiastés

La tesis de que «todo es vanidad» (1.1-11)

Después de una introducción de un versículo, el predicador anuncia su tema: «Vanidad de vanidades, todo es vanidad» (1.2). La vida bajo el sol parece ser vana y complicada. Los versículos 3-11 ilustran el tema en los ciclos interminables y carentes de sentido en la naturaleza y en la historia.

La prueba de que todo es vanidad (1.12—6.12)

El predicador describe sus muchas investigaciones en busca del sentido y de satisfacción, mientras explora sus vastos recursos personales. Comienza con la sabiduría (1.12-18) y pasa a la risa, al hedonismo y al vino (2.1-3) y luego se vuelve al trabajo, las mujeres y la riqueza (2.4-11); pero todo es vanidad. Comprende que la sabiduría es mucho mejor que la necedad, pero ambas parecen llevar a la vanidad si se considera la brevedad de la vida y la universalidad de la muerte (2.12-17). Concluye reconociendo que el contentamiento y el gozo se encuentran solo en Dios.

Cuando el predicador considera el inmutable orden de los acontecimientos y las leyes fijas de Dios, el tiempo es corto y no hay eternidad en la tierra (3.1-15). La vanidad de la muerte parece borrar la diferencia entre el justo y el malvado (3.16-22). Los capítulos 4 y 5 exploran la vanidad de las relaciones sociales (opresión, rivalidad, codicia, poder) y en las relaciones religiosas (formalismo, oraciones sin sentido, votos). El sentido final solo se encuentra en Dios.

Consejo para vivir con la vanidad (7.1—12.14)

En los capítulos 7.1—9.12 se presenta una serie de lecciones sobre sabiduría práctica. La ligereza y la búsqueda del placer se consideran superficiales y necias; es mejor tener un pensamiento sobrio y profundo. La sabiduría y el dominio propio dan perspectiva y fortaleza al batallar con la vida. Uno debería disfrutar la

El Libro de Eclesiastés

ENFOQUE	Tesis: «Todo es vanidad»	Prueba: «La vida es vana»		Consejo: «Teme a Dios»		
REFERENCIAS	1.1 ································	1.12 ·········· 3.1 ··········	·····················7.1··········	·········· 10.1 ··········	12.9 ····· 12.14	
DIVISIÓN	Introducción a la vanidad	Ilustraciones de la vanidad	Pruebas tomadas de la Biblia	Pruebas tomadas de observaciones	Cómo enfrentar a un mundo malo	Consejo para enfrentar la incertidumbre	Conclusión: Teme y obedece a Dios
	Declaración de la vanidad		Demostración de la vanidad		Decisión de la vanidad		
TEMA	Tema		Sermones		Conclusión		
LOCALIZACIÓN	El universo «bajo el sol»						
TIEMPO	c. 935 a.C.						

prosperidad y considerar en la adversidad que ambas las ha hecho Dios. La sumisión a la autoridad ayuda a evitar las penurias innecesarias, pero la verdadera justicia suele faltar en la tierra.

Las observaciones sobre la sabiduría y la necedad se encuentran en 9.13—11.6. En vista de las circunstancias impredecibles, la sabiduría es el mejor curso que se debe seguir para minimizar el dolor y el infortunio. La juventud es demasiado breve y preciosa para malgastarla en la necedad o en el mal. La persona debe vivir bien en la plenitud de cada día delante de Dios y reconocerle a temprana edad (11.7—12.7). Esta sección termina con una exquisita alegoría de la vejez (12.1-7).

El predicador llega a la conclusión que la buena vida solo se consigue con temor de Dios. La vida no espera la solución de todos los problemas, sin embargo, el verdadero sentido se puede encontrar buscando no «bajo el sol» sino más allá del sol al único Pastor (12.11).

Bosquejo de Eclesiastés

Libro de Cantar de los Cantares de Salomón

Autor y fecha

Tradicionalmente se atribuye a Salomón la autoría de Cantares, puesto que el libro mismo así lo plantea (1.1). Pero algunos eruditos insisten que es una colección posterior de cantos que se atribuyen a Salomón debido a su reputación como autor de Salmos y Proverbios (1 R 4.32). Una fuerte evidencia interna apoya claramente el punto de vista tradicional que Salomón mismo escribió este cantar que lleva su nombre. Debe de haber sido escrito en la primera parte de su reinado, probablemente hacia el año 965 a.C.

♦

CLAVES DE CANTARES

Palabra clave: *Amor en el matrimonio*

El propósito de este libro depende del punto de vista que se asuma como énfasis principal:

Ficción: Describir la atracción y boda de Salomón con una pobre, pero hermosa muchacha del campo.

Alegoría: Presentar el amor de Dios por su esposa Israel o el amor de Cristo por su Iglesia.

Histórico: Narrar el amor real de Salomón con una mujer sulamita. Las diversas escenas del libro exaltan el deleite del amor en el noviazgo y en el matrimonio y ofrece una perspectiva correcta del amor humano.

Versículo clave: *Cantares 7.10 y 8.7*

♦

Marco histórico

Con su gran harem, ¿cómo pudo el rey Salomón escribir tan hermosa canción de amor hacia una sola esposa? Quizás su unión con la sulamita fue la única relación matrimonial auténtica que Salomón tuvo. La mayoría de sus casamientos fueron arreglos políticos con otras naciones. En contraste, la sulamita no era una princesa culta sino una humilde cuidadora de viñedo cuya piel se había oscurecido por su constante exposición al sol (1.6).

Cuándo ocurrieron los acontecimientos de Cantares y Eclesiastés

Moisés
1500 a.C.

Reinado de
Salomón
970-931

Esdras
500 a.C.

←→

Contribución teológica

El gran mensaje del Cantar de Salomón es la belleza del amor entre un hombre y una mujer cuando se experimenta en la relación matrimonial. En su lenguaje franco y hermoso, el cantar elogia el lado sexual y físico del matrimonio como una parte natural y correcta del plan de Dios, y refleja su propósito y deseo para la raza humana (Gn 2.24). Al igual que Génesis, el Cantar de Salomón da un osado ¡sí! a la belleza y santidad del amor matrimonial.

Pero este libro señala más allá del amor humano hacia el Gran Autor del amor. El amor auténtico es posible en el mundo porque Dios lo creó y sembró esa emoción en el corazón de su pueblo. Aun maridos y esposas deberían recordar que el amor que comparten no es el producto de su bondad humana sino del amor de Dios que obra en nuestras vidas.

Consideración especial

Los símbolos e imágenes que el esposo usa para describir la belleza de su esposa sulamita pueden parecer extraños al lector moderno. Describe su cabello como «manadas de cabras que se recuestan en las laderas de Galaad» (4.1). Su cuello, dice, es como «la torre de David, edificada para armería; mil escudos están colgados en ella» (4.4). ¡Tales cumplidos difícilmente halagarían a una mujer hoy día!

En el uso de estos símbolos, el esposo refleja los patrones culturales del mundo antiguo. Para quienes vivieron en la época de Salomón, el estupendo efecto de una manada de cabritos que se mueven en una ladera indudablemente era algo bello. Y una torre en lo alto del muro de una ciudad reflejaba un aura de estabilidad y nobleza. La sulamita debe haberse sentido muy halagada con los cumplidos tan creativos de su poético esposo.

Síntesis de Cantares

El principio del amor (1.1—5.1)

El rey Salomón tiene una viña en el país de la sulamita (6.13; 8.11). Ella debe trabajar en la viña con sus hermanos (1.6; 8.11, 12) y cuando Salomón visita el lugar, se gana el corazón de ella y se la lleva a su palacio en Jerusalén como novia. Ella está tostada por las horas de trabajo al aire libre en el viñedo, pero es «la más hermosa entre las mujeres» (1.6,8).

Los capítulos 1—3 dan una serie de recuerdos del tiempo de cortejo:

- El anhelo de afecto de la novia (1.2-8)
- Expresión de amor mutuo (1.9—2.7)
- Visita primaveral al hogar de la novia (2.8-17)
- El sueño de separación de la sulamita (3.1-5)
- Procesión nupcial de gala (3.6-11)

Salomón elogia a su novia de la cabeza a los pies con una magnífica cadena de símiles y metáforas (4.1—5.1). Su virginidad se compara con un «huerto cerrado» (4.12), y al huerto se entra cuando se ha consumado el matrimonio (4.16—5.1). La unión la elogia, posiblemente, Dios mismo en 5.1.

La profundización del amor (5.2—8.14)

Algún tiempo después de la boda, la sulamita tiene un sueño que la confunde (5.2), mientras Salomón está ausente. En su sueño, Salomón viene hacia su puerta, pero ella responde demasiado tarde: Él se ha ido. Ella entra en pánico y sale a buscarlo tarde en la noche por Jerusalén. A su regreso Salomón le asegura su amor y la elogia por su belleza (6.4—7.10). La sulamita comienza a pensar en su país y trata de persuadir a su amado que regrese allá con ella (7.11—8.4).

El viaje ocurre en 8.5-7 y su relación se sigue profundizando. Su amor no será desechado por los celos ni por circunstancias adversas. Al regresar a su hogar (8.8-14), la sulamita reflexiona en el cuidado de sus hermanos por ella cuando era joven (8.8-9). Ella

El Libro de Cantares

ENFOQUE	Principio del amor		Profundización del amor	
REFERENCIAS	1.1 ···········	······ 3.6 ·············	····· 5.2 ··············	····· 7.11 ·········· 8.14
DIVISIÓN	Cómo se enamoraron	Unidos en amor	Lucha en el amor	Crecimieno en el amor
TEMA	Cortejo	Boda	Problema	Progreso
	Fomento del amor	Cumplimiento del amor	Frustración del amor	Fidelidad del amor
LOCALIZACIÓN	Israel			
TIEMPO	c. 1 año			

permanece virtuosa («Yo soy muro», 8.10) y ahora está en posición de cuidar del bienestar de sus hermanos (8.11-12). El cantar concluye con una doble invitación del amante y su amada (8.13,14).

Bosquejo de Cantares

CUATRO

LIBROS DE LOS PROFETAS MAYORES

◆

LOS últimos dieciséis libros del Antiguo Testamento son libros de profecía. Como unidad, estos libros constituyen un cuarto del total de la Biblia, y fueron escritos a lo largo de un período de más o menos 450 años.

Los profetas de la época del Antiguo Testamento eran portavoces divinamente elegidos que recibían y comunicaban el mensaje de Dios, fuera en forma oral visual o escrita. Los términos *profetas mayores* y *profetas menores* podrían sugerir que algunos de estos portavoces de Dios son más importantes que otros, pero claramente esa no es la situación. A medida que se compiló la Biblia a través de los siglos, los libros proféticos más largos—Isaías, Jeremías, Lamentaciones, Ezequiel y Daniel— los pusieron al principio de la sección profética y se les denominó profetas mayores.

LIBROS DE LOS PROFETAS MAYORES	
LIBRO	**RESUMEN**
Isaías	El famoso profeta del mensaje de condenación y consolación mesiánica
Jeremías	Mensaje de juicio contra la decadencia moral y espiritual de Judá
Lamentaciones	Cinco poemas de Jeremías que son lamentos por la caída de Jerusalén

Ezequiel	Profecía de juicio durante la cautividad babilónica
Daniel	Libro de profecía sobre el fin del tiempo

El marco de tiempo que aparece a continuación muestra el período en que ocurrieron los acontecimientos históricos de estos libros. No indica las opiniones generalmente aceptadas acerca del tiempo para el cumplimiento de las profecías predictivas incluidas en ellos.

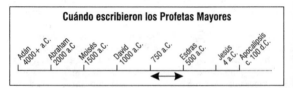

Cuándo escribieron los Profetas Mayores

Adán 4000+ a.C. — Abraham 2000 a.C. — Moisés 1500 a.C. — David 1000 a.C. — 750 a.C. — Esdras 500 a.C. — Jesús 4 a.C. — Apocalipsis c. 100 d.C.

El libro de Isaías

Autor, fecha y marco histórico

Isaías nos da pocos detalles sobre sí, pero sabemos que era «hijo de Amoz» (1.1). La calidad de su escrito indica que tenía una buena educación y que probablemente provenía de una familia de clase alta. Casado, tuvo dos hijos a quienes dio nombres simbólicos para mostrar que Dios estaba por traer juicio contra la nación de Judá.

Fue llamado a su ministerio profético «el año que murió el rey Uzías» [Azarías] (6.1), hacia el año 740 a.C., por medio de una emotiva visión de Dios mientras adoraba en el templo. Profetizó por más de cuarenta años a Judá, durante un tiempo de gran convulsión moral y política.

CLAVES DE ISAÍAS

Palabra clave: *La salvación es de Jehová*

El tema básico de este libro, llamado a veces «el quinto Evangelio», se encuentra en el nombre de Isaías: «la salvación es de Jehová». La humanidad tiene gran necesidad de salvación, y solo la gran provisión de Dios bastará.

Versículos claves: *Isaías 9.6,7 y 53.6*

Capítulo clave: *Isaías 53*

Junto con el Salmo 22, Isaías 53 hace una lista de las profecías más notables y específicas de la expiación por medio del Mesías.

Cuándo profetizó Isaías

David
1000 a.C.

Invasión asiria
701 a.C.

Fin del reinado de Ezequías
689 a.C.

Cautividad babilónica

Caída de Jerusalén
586 a.C.

Jesús
4 a.C.

Apocalipsis
c. 100 d.C.

Contribución teológica

El libro de Isaías presenta más claridad en cuanto a la naturaleza de Dios que cualquier otro libro del Antiguo Testamento. La santidad de Dios es la primera cosa que impresiona al profeta cuando lo ve en toda su gloria en el templo (6.1-8).

Dios está interesado en la salvación de su pueblo. Él es el soberano rector de la historia y el único que tiene el poder de salvar.

El propósito final de salvación será realizado por el *Mesías que viene*, nuestro Señor y Salvador Jesucristo. Cuando Jesús comienza su ministerio público en su aldea de Nazaret, cita a Isaías (61.1-2; Lc. 4.18-19) para mostrar que esta profecía se iba a cumplir en su vida y ministerio.

Síntesis de Isaías

Profecías de condenación (caps. 1—35)

El primer mensaje de condenación de Isaías se dirige a sus compatriotas de Judá (caps. 1—2). Judá se encuentra afectado por enfermedades morales y espirituales; el pueblo olvida a Dios cuando se inclinan al ritualismo y al egoísmo. Pero por su misericordia, Dios los invita a arrepentirse y a volverse a Él pues esta es la única esperanza de evitar el juicio. El llamado a Isaías para proclamar el mensaje de Dios se encuentra en el capítulo 6, y va seguido por el libro de Emmanuel (caps. 7—12). Estos capítulos se refieren reiteradamente al Mesías y anuncian la bendición de su futuro reinado.

El profeta pasa de un juicio local a uno regional al proclamar una serie de oráculos contra las naciones circundantes (caps. 13—23). El pequeño Apocalipsis de Isaías (caps. 24—27) describe una tribulación universal seguida por las bendiciones del reino. Los capítulos 28—33 pronuncian seis ayes sobre Israel y Judá por pecados específicos. La condenación profética de Isaías termina con un cuadro general de la devastación universal que precederá a la bendición universal (caps. 34 y 35).

Paréntesis histórico (caps. 36—39)

Este paréntesis histórico examina la invasión de Judá por los asirios hacia el año 701 a.C. y anuncia la próxima invasión de Judá por Babilonia. Judá escapa de la invasión asiria (36 y 37; 2 R. 18—19), pero no escapará de las manos de Babilonia (38—39; 2 R. 20). Dios responde las oraciones del rey Ezequías y salva a Judá de la destrucción asiria dirigida por Senaquerib. Ezequías además se

El Libro de Isaías

ENFOQUE	Profecías de condenación				Paréntesis histórico	Profecías de consuelo		
REFERENCIAS	1.1 ····13.1 ·····24.1 ·····28.1 ·····36.1 ·····40.1 ·····49.1 ·····58.1 ·····66.24							
DIVISIÓN	Profecías contra		Profecías del		Salvación, enfermedad y pecado de Ezequías	Liberación de Israel	El Salvador de Israel	Futuro glorioso de Israel
	Judá	Las naciones	Día de Jehová	Juicio y bendición				
TEMA	Profético				Histórico	Mesiánico		
	Juicio				Transición	Esperanza		
LOCALIZACIÓN	Israel y Judá							
TIEMPO	c. 740-680 a.C.							

vuelve al Señor en su enfermedad y se le extiende en quince años su vida. Pero neciamente muestra a los mensajeros de Babilonia todos los tesoros que un día se llevarán a Babilonia junto con sus descendientes.

Profecías de consuelo (caps. 40—66)

Una vez pronunciada la condenación divina de Judá, Isaías los consuela con las promesas divinas de esperanza y restauración. La base para esta esperanza es la soberanía y la majestad de Dios (caps. 40—48). Babilonia se los llevará, pero finalmente será juzgada y destruida, y el pueblo de Dios será liberado de su cautiverio.

Los capítulos 49—57 se concentran en el Mesías venidero que será su Salvador y el Siervo sufriente. El corazón de esta sorprendente profecía está en el capítulo 53, cuando Isaías desarrolla una descripción excelsa del Mesías. Se anuncian claramente el sufrimiento y muerte del Mesías y la naturaleza redentora de su misión. Aunque la humanidad merece el juicio de Dios porque «todos nosotros nos descarriamos como ovejas, cada cual se apartó por su camino» (53.6), Dios envió a su Siervo para quitar nuestros pecados. Según Isaías, es por medio de sus sufrimientos que somos declarados justos delante de Dios, puesto que «Jehová cargó en él el pecado de todos nosotros» (53.6). Todo aquel que reconoce sus pecados y confía en Él será salvo (caps. 58—66). En ese día Jerusalén será reedificada, se extenderán las fronteras de Israel, y el Mesías reinará en Sion. El pueblo de Dios confesará sus pecados y sus enemigos serán juzgados. Prevalecerán la paz, la prosperidad y la justicia, y Dios hará nuevas todas las cosas.

Bosquejo de Isaías

Primera parte: Profecías de condenación (1.1—35.10)

I. Profecías contra Judá   1.1—12.6

Libro de Jeremías

Autor y fecha

Los eruditos más conservadores están de acuerdo en que el autor del libro de Jeremías fue el famoso profeta de ese nombre.

◆

CLAVE DE JEREMÍAS

Palabra clave: *Última hora de Judá*

En Jeremías, Dios es visto como paciente y santo; demora el juicio y llama a su pueblo al arrepentimiento antes que sea demasiado tarde. Pronto pasará el tiempo de Judá para el arrepentimiento.

Versículos claves: *Jeremías 7.23,24 y 8.11,12*

Capítulo clave: *Jeremías 31*

En medio del juicio y la condenación por medio de Jeremías están las maravillosas promesas de Jeremías 31. Aun cuando Judá ha quebrantado los pactos de su Gran Rey, Dios hará un nuevo pacto y lo escribirá en sus corazones.

◆

Después de profetizar contra Judá durante 20 años, el profeta Jeremías recibió la orden de Dios de poner sus mensajes por escrito. Los dictó a su escriba o secretario, Baruc, que los escribió en un rollo (36.1-4). Por cuanto se le había prohibido el acceso al templo, Jeremías mandó a Baruc a leer los mensajes al rey Joacim. Para mostrar su desprecio por Jeremías, el rey rompió el rollo y lo arrojó al fuego (36.22-23). Jeremías prontamente dictó de nuevo su libro a Baruc, y «aun fueron añadidas sobre ellas muchas otras palabras semejantes» (36.32) que no estaban en el primer rollo.

Esta clara descripción de cómo se escribió una segunda versión de Jeremías muestra que el libro fue compuesto en varias etapas diferentes durante el ministerio del profeta. Baruc debe haber dado forma final al libro poco después de la muerte de Jeremías, no mucho después de 585 a.C.

Marco histórico

El libro de Jeremías pertenece a una época caótica en la historia del pueblo del pacto de Dios. La tierra natal de Jeremías, el reino del sur, Judá, se vio atrapado entre tres potencias del mundo antiguo en la lucha por el poder: Egipto, Asiria y Babilonia.

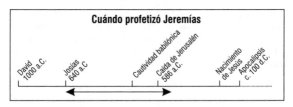

Contribución teológica

La contribución teológica más importante de Jeremías es su concepto del nuevo pacto (31.31-34). Se hacía necesario un nuevo pacto entre Dios y su pueblo debido a que el antiguo pacto había fracasado miserablemente.

Consideración especial

Jeremías fue un maestro en el uso de figuras de lenguaje, metáforas y conductas simbólicas para transmitir su mensaje. Llevó un yugo atado a su cuello para mostrar a los ciudadanos de Judá que debían someterse al inevitable reinado de los paganos babilonios (27.1-12). Describió un alfarero que hizo mal una pieza de arcilla, luego la formó de nuevo como un perfecto vaso para enseñar la sumisión; compró un terreno en su país natal para simbolizar su esperanza para el futuro.

Síntesis de Jeremías

El llamamiento de Jeremías (cap. 1)

Jeremías fue llamado y santificado antes de su nacimiento para ser profeta de Dios. Este capítulo introductorio presenta la identificación, inauguración e instrucciones del profeta

Profecías contra Judá (caps. 2—45)

Jeremías comunica su mensaje por medio de una variedad de parábolas, sermones y lecciones objetivas. En una serie de doce mensajes gráficos, Jeremías da una lista de las causas del juicio venidero contra Judá. Dios ha unido a Judá consigo; pero como un cinto podrido, se han hecho corruptos e inútiles. Jeremías ofrece una confesión por el pueblo, pero su pecado es demasiado grande. El profeta solo puede lamentar. Como señal de un juicio inminente, se prohíbe a Jeremías que se case y participe en fiestas. Debido a que la nación no confía en Dios ni guarda el reposo, la tierra recibirá su descanso sabático cuando estén en cautiverio. Jerusalén será invadida y los príncipes y el pueblo serán deportados a Babilonia. La restauración vendrá bajo un nuevo Pastor, el Mesías, el futuro Rey de la nación. Jeremías anuncia la duración de la cautividad como setenta años, en contraste con los mensajes de los falsos profetas que insistían en que eso no ocurrirían.

Debido a su mensaje (2.25), Jeremías sufre miserias y oposición (caps. 26—45). Lo rechazan los profetas y sacerdotes, quienes piden su muerte, pero los ancianos y oficiales le preservan la vida. En la señal del yugo proclama el impopular mensaje que Judá debe someterse a la disciplina divina. Pero él asegura a la nación la restauración y esperanza bajo un nuevo pacto (caps. 30—33). Un remanente será liberado y vendrá un tiempo de bendición.

Las experiencias personales y sufrimientos de Jeremías son el tema de los capítulos 34—45 en oposición contra las amonestaciones del profeta. Lo apresan y después de la destrucción de la ciudad los judíos que huyen se lo llevan a Egipto. Allá profetiza que Nabucodonosor también invadirá a Egipto.

Profecías contra los gentiles (caps. 46—51)

Estos capítulos son una serie de oráculos proféticos contra nueve naciones: Egipto, Filistea, Moab, Amón, Edom, Damasco (Siria), Arabia, Elam y Babilonia. Egipto, Moab, Amón y Elam reciben promesas de restauración.

El Libro de Jeremías

ENFOQUE	Llamamiento de Jeremías	Profecías contra Judá				Profecías contra los gentiles	Caída de Jerusalén
REFERENCIAS	1.1 ··········	2.1 ··········	26.1 ··········	30.1 ··········	34.1 ··········	46.1 ·········· 52.1	·········· 52.34
DIVISIÓN	Comisión profética	Condenación de Judá	Conflictos de Jeremías	Restauración futura de Jerusalén	Caída presente de Jerusalén	Condenación de nueve naciones	Conclusión histórica
TEMA	Llamamiento	Antes de la caída			La caída	Después de la caída	Retrospección
		Ministerio					
LOCALIZACIÓN		Judá				Naciones vecinas	Babilonia
TIEMPO				c. 640-580 a.C.			

La caída de Jerusalén (cap. 52)

La declaración de condenación de cuarenta años fue finalmente vindicada en un acontecimiento tan significativo que se narra en detalle cuatro veces en la Escritura (2 R 25; 2 Cr 36; Jer 39; 52). En este suplemento histórico, toman Jerusalén, la destruyen, la saquean, y llevan a los cautivos a Babilonia.

Bosquejo de Jeremías

Libro de Lamentaciones

◆

CLAVES DE LAMENTACIONES

Palabra clave: *Lamentaciones*

Tres temas recorren los cinco lamentos de Jeremías. El más prominente es el del lamento, pero con la confesión de pecados y el reconocimiento de la venida del justo juicio divino viene una nota de esperanza en la futura restauración que Dios hará de su pueblo.

Versículos claves: *Lamentaciones 2.5,6 y 3.22,23*

Capítulo clave: *Lamentaciones 3*

Lamentaciones 3.22-25 expresa una fe magnífica en la misericordia de Dios, especialmente cuando se pone en contraste con el negro telón de los capítulos 1; 2; 4 y 5.

◆

Autor, fecha y Marco histórico

Lamentaciones mismo no da indicios acerca de su autor, pero muchos eruditos bíblicos conservadores coinciden en señalar al profeta Jeremías, quien profetizó en Jerusalén durante este período de la historia de la nación. El libro es realista en su descripción de la situación en Jerusalén antes de su caída ante las fuerzas de

Cuándo ocurrieron los acontecimientos de Lamentaciones

David 1000 a.C.

Cautividad babilónica 605 a.C.

Caída de Jerusalén 586 a.C.

Nacimiento de Jesús 4 a.C.

Babilonia lideradas por Nabucodonosor, y sugiere que su autor fue testigo ocular de los hechos. Esto apoya la autoría de Jeremías. La fecha en que se escribió probablemente sea un poco tiempo antes de la caída de la ciudad el año 587 o 586 a.C.

Contribución teológica

Jerusalén era el lugar del templo de Dios, el lugar donde habitaba la presencia de Dios y donde se le ofrecían los sacrificios. Años más tarde, Jerusalén se convierte en el punto central de la obra final de salvación en la persona de Jesucristo. El libro de Lamentaciones nos recuerda el papel central que esta ciudad ha tenido en la obra de redención del mundo.

Consideración especial

Lamentaciones tiene muchas expresiones extrañas, tales como: *hija de Sion* (2.1), *hija de Judá* (2.5) e *hija de Jerusalén* (2.15). No se refieren a hijas de tales ciudades, sino a las ciudades mismas como hijas del Señor. De esta manera nos recuerdan el profundo pesar asociado con el juicio de Dios contra su pueblo pecador; sin embargo, puesto que siguen siendo hijas, estas ciudades hablan de gran esperanza durante los tiempos de desesperación.

Síntesis de Lamentaciones

Destrucción de Jerusalén (cap. 1)

Este poema está formado por una lamentación de Jeremías (1.1-11) y un lamento por la Jerusalén personificada (1.12-22). La ciudad ha sido dejada en desolación debido a sus graves pecados y sus enemigos se «burlaron de su caída» (1.7).

La ira de Dios (cap. 2)

A través de los babilonios, Dios ha terminado todas las festividades religiosas, ha quitado los sacerdotes, profetas y reyes y ha arrasado el templo y los palacios. Jeremías llora por el sufrimiento que el pueblo se ha provocado por su rebelión contra Dios.

El Libro de Lamentaciones

ENFOQUE	Destrucción de Jerusalén	La ira de Dios	Oración pidiendo misericordia	Sitio de Jerusalén	Oración por la restauración
REFERENCIAS	1.1 ⋯⋯⋯	2.1 ⋯⋯⋯	3.1 ⋯⋯⋯	4.1 ⋯⋯⋯	5.1 ⋯⋯⋯ 5.22
DIVISIÓN	Ciudad doliente	Pueblo quebrantado	Profeta sufriente	Reino en ruinas	Nación penitente
TEMA	Dolor	Causa	Esperanza	Arrepentimiento	Oración
LOCALIZACIÓN	Jerusalén				
TIEMPO	c. 586 a.C.				

Oración por misericordia (cap. 3)

En los primeros 18 versículos, Jeremías entra en las miserias y desesperación de su pueblo y las hace suyas. Sin embargo, hay un repentino cambio entre los vv. 19-39 cuando el profeta reflexiona en la fidelidad y amor del compasivo Dios de Israel. Estas verdades le permiten hallar consuelo y esperanza a pesar de sus desalentadoras circunstancias, y pide a Dios que los libere.

Sitio de Jerusalén (cap. 4)

El profeta repasa el sitio de Jerusalén y recuerda los sufrimientos y el hambre de ricos y pobres. Además, repasa las causas del sitio, especialmente los pecados de profetas y sacerdotes y su necia confianza en la ayuda humana. Este poema cierra con una advertencia a Edom de un futuro castigo y un destello de esperanza para Jerusalén.

Oración por la restauración (cap. 5)

La última elegía de Jeremías es una descripción melancólica del lamentable estado de su pueblo. Su castigo está completo.

Bosquejo de Lamentaciones

Libro de Ezequiel

Autor, fecha y marco histórico

El autor de este libro fue claramente el profeta Ezequiel, un portavoz del Señor que vivió entre los cautivos judíos en Babilonia, aunque algunos cuestionan su autoría. Ezequiel comienza su ministerio profético «en el año quinto de la deportación del rey Joaquín» (1.2), hacia el año 597 a.C. Ezequiel debe haber profetizado por lo menos durante 20 años entre los cautivos, hasta 573 a.C. Los babilonios llevaron cautivos desde Jerusalén los años 605, 597 y 587- 586 a.C., cuando Nabucodonosor destruyó la ciudad.

Cuándo profetizó Ezequiel

David 1000 a.C.   1ª cautividad 605 a.C.   2ª Cautividad 597 a.C.   Caída de Jerusalén 586 a.C.   Nacimiento de Jesús 4 a.C.   Apocalipsis c. 100 d.C.

◆

CLAVES DE EZEQUIEL

Palabra clave: *Futura restauración de Israel*

El propósito del libro de Ezequiel es recordar a la generación nacida en el exilio babilónico la causa de la destrucción de Israel, del juicio venidero sobre las naciones gentiles y la futura restauración nacional de Israel.

Versículos claves: *Ezequiel 36.24-26 y 36.33-35*

Capítulo clave: *Ezequiel 37*

La visión del valle de los huesos secos es fundamental para la esperanza de restauración de Israel. Ezequiel 37 bosqueja con claridad los pasos futuros de Israel.

◆

Contribución teológica

Uno de los grandes aportes del libro de Ezequiel es su enseñanza sobre responsabilidad individual. El pueblo judío tenía un sentido de identidad tan fuerte como pueblo del pacto de Dios que tendían a encubrir su necesidad como individuos de seguir a Dios y su voluntad. Además hace una clara referencia al Mesías, profecía cumplida cuando Jesús nació en Belén más de quinientos años después.

Consideración especial

En el uso de parábolas, conductas simbólicas y lecciones objetivas para hacer llegar el mensaje, el profeta Ezequiel nos recuerda al gran profeta Jeremías. Ezequiel describe el pueblo del pacto de Dios como un indefenso bebé recién nacido (16.12), como leonas que cuidan sus cachorros (19.1-9), como un recio cedro (17.1-10) y como una vid inútil y condenada (cap. 15). Además llevó consigo sus pertenencias para mostrar que Dios permitiría que su pueblo fuese llevado al exilio por los babilonios (12.1-16).

Síntesis de Ezequiel

La comisión de Ezequiel (caps. 1—3)

Dios le da a Ezequiel una abrumadora visión de su divina gloria y lo comisiona para ser su profeta.

El juicio contra Judá (caps. 4—24)

Ezequiel dirige sus profecías contra la nación que Dios eligió para sí. Las señales y sermones del profeta (caps. 4—7) indican la certeza del juicio de Judá. En los capítulos 8 — 11, los pecados pasados y la futura condenación de Judá se ven en una serie de visiones de las abominaciones en el templo, la matanza de los malos y el retiro de la gloria de Dios. Los sacerdotes y príncipes son condenados mientras la gloria se va del templo hacia el Monte de los Olivos y desaparece en el oriente.

Los capítulos 12—24 hablan de las causas y el alcance del juicio venidero de Judá. Sus profetas son falsos y sus ancianos son idólatras. Se han convertido en vid sin fruto y en esposa fornicaria. Babilonia se dejará caer como un águila y los arrancará y Egipto no les ayudará. El pueblo es responsable por sus pecados, y no serán juzgados por los pecados de sus antepasados. Judá ha sido infiel, pero Dios promete que al final su juicio será seguido de la restauración.

Juicio sobre los gentiles (caps. 25—32)

Los vecinos de Judá pueden deleitarse en su destrucción, pero ellos también sufrirán el destino de sitio y destrucción de parte de Babilonia. Ezequiel muestra todo el círculo de juicio contra las naciones siguiéndolas como en un circuito de izquierda a derecha: Amón, Moab, Edom, Filistea, Tiro y Sidón (25—28). Muchos eruditos creen que el «rey de Tiro» en 28.11-19 podría ser Satanás, el verdadero poder que hay detrás de las naciones.

Los capítulos 29—32 contienen una serie de oráculos contra Egipto. A diferencia de otras naciones destruidas por Nabucodo-

El Libro de Ezequiel

ENFOQUE	La comisión de Ezequiel		Juicio contra Judá		Juicio contra los gentiles	Restauración de Israel	
REFERENCIAS	1.1 ·········· 2.1 ··········		4.1 ··········		25.1 ··········	33.1 ·········· 40.1 ·········· 48.35	
DIVISIÓN	Ezequiel ve la gloria	Ezequiel, comisionado para la obra	Señales, mensajes, visiones y parábolas de juicio		Juicio contra las naciones vecinas	Regreso de Israel al Señor	Restauración de Israel en el reino
TEMA	Antes del sitio (c. 592-587 a.C.)				Durante el sitio (c. 586 a.C.)	Después del sitio (c. 585-570 a.C.)	
	Caída de Judá				Enemigos de Judá	Futuro de Judá	
LOCALIZACIÓN	Babilonia						
TIEMPO	c. 597-573 a.C.						

nosor, Egipto seguirá existiendo, pero «en comparación con los otros reinos será humilde» (29.15).

Restauración de Israel (caps. 33-48)

Después de la caída de Jerusalén, el mensaje de Ezequiel ya no se centra en el juicio venidero sino en aliento y consuelo. El pueblo de Dios será reunido y restaurado. La visión del valle de los huesos secos representa la reanimación de la nación por el Espíritu de Dios. Israel y Judá serán purificados y reunificados. Habrá una invasión de los ejércitos de Gog en el norte, pero Israel será salvo.

El año 572 a.C., catorce años después de la destrucción de Jerusalén, Ezequiel regresa en visión a la ciudad caída y se le dan detalladas especificaciones para la reconstrucción del templo, la ciudad y la tierra (40—48). Después de una intrincada descripción del nuevo atrio exterior, del atrio interior y del templo (40—42), Ezequiel ve el regreso de la gloria del Señor al templo desde el oriente. Las reglas acerca del culto en el futuro templo (43—46) van seguidas de revelaciones acerca de la nueva tierra y de la nueva ciudad (47—48).

Bosquejo de Ezequiel

El libro de Daniel

Autor y fecha

Muchos eruditos conservadores creen que el libro de Daniel fue escrito por el profeta y estadista de ese nombre que vivió como cautivo de Babilonia y Persia por más de cincuenta años después de ser llevado en cautiverio el año 605 a.C. Pero esta teoría la rechazan algunos eruditos que objetan los detalles específicos de las visiones proféticas que Daniel escribe.

Las profecías de Daniel, según estos críticos no son «profecías», sino que fueron escritas después de los acontecimientos y se atribuyeron a Daniel para mostrar que estos grandes eventos de la historia mundial ocurrirían a la larga. Según la evidencia del libro

—————————— ◆ ——————————

CLAVES DE DANIEL

Palabra clave: *Programa de Dios para Israel*

Daniel fue escrito para animar a los judíos exiliados mediante la revelación del programa soberano de Dios para Israel durante y después del período de dominio gentil. El «tiempo de los gentiles» comienza con la cautividad babilónica y por muchos años Israel sufriría bajo las potencias gentiles. Pero este período no es permanente, y vendrá el tiempo cuando Dios establecerá el reino mesiánico que durará para siempre.

Versículos claves: *Daniel 2.20-22 y Daniel 2.44*

Capítulo clave: *Daniel 9*

La profecía de Daniel de las setenta semanas (9.24-27) da un marco cronológico de la predicción desde el tiempo de Daniel hasta el establecimiento del reino sobre la tierra.

—————————— ◆ ——————————

mismo, la cautividad de Daniel duró desde el tiempo del reinado de Nabucodonosor (1.1-6) hasta el reinado de Ciro de Persia (10.1), aproximadamente en el 536 a.C. Debe haber escrito este libro en algún momento durante este período, o muy poco después.

Marco histórico

El libro de Daniel claramente abarca el período conocido en la historia del pueblo del pacto de Dios como cautiverio babilónico. Nabucodonosor llevó cautivos de Judá en tres ocasiones diferentes a partir de 605 a.C. Entre los que fueron llevados en este primer grupo estaban Daniel y sus compañeros. La oración de Daniel al final del libro (cap. 9) se fecha en el año 538 a.C., el mismo año que Ciro de Persia promulgó el decreto que hizo posible que los cautivos regresaran a Jerusalén para restaurar la tierra y reedificar el templo (Esd 1.1-4).

Contribución teológica

La principal contribución del libro de Daniel viene de su naturaleza como profecía apocalíptica. De lenguaje altamente simbólico, la profecía se relaciona con acontecimientos del futuro cercano a Daniel, pero aún hoy en día contiene un mensaje para el futuro.

Consideración especial

El capítulo 9 de Daniel es un pasaje fascinante. Combina lo mejor de la piedad bíblica con la profecía bíblica. El estudio que Daniel hizo de la profecía de Jeremías sobre los setenta años de cautividad (Jer. 25) lo llevaron a pedir la intervención divina en favor de su pueblo (9.1-19). La respuesta del Señor vino por medio del ángel Gabriel, que dio a Daniel la profecía de las setenta semanas, o setenta sietes (9.20-27). Los setenta sietes según los ve el profeta generalmente se interpretan como años. Entonces la profecía trata acerca de los siguientes 490 años en el futuro del pueblo del pacto de Dios.

Quizás los números redondos de esta profecía debieran indicarnos que es peligroso fijar fechas específicas de su cumplimiento, sea día o año. Pero podemos afirmar con seguridad que el final de los 483 años profetizados por Daniel nos llevan al período general del ministerio de nuestro Señor Jesucristo. La semana final de la profecía es simbólica de la era entre la ascensión de Cristo y su Segunda Venida.

Síntesis de Daniel

Historia personal de Daniel (cap. 1)

El primer capítulo establece el escenario para el resto del libro mediante la presentación de Daniel y sus tres amigos: Ananás, Misael y Azarías. Los cuatro jóvenes hebreos son llevados cautivos a Babilonia en una de sus incursiones contra Judá el año 605 a.C. Inteligentes y prometedores, se le pone en un plan especial de entrenamiento como siervos en la corte del rey Nabucodonosor; se les cambian los nombres y la dieta para reflejar la cultura babilónica, en un intento por arrancarles su identidad judía. Pero Daniel y sus amigos se enfrentan al desafío y prueban que su alimentación judía es superior a la dieta babilónica. Los jóvenes crecen en sabiduría y conocimiento, y ganan el favor de la corte del rey.

El plan profético para los gentiles (2—7)

En la segunda sección principal del libro (caps. 2—7), Daniel y sus amigos se enfrentan a pruebas adicionales para probar que aunque son cautivos en un pueblo pagano, el Dios a quien adoran está controlando todo.

Solo Daniel puede narrar e interpretar el perturbador sueño de Nabucosonosor sobre la gran estatua (cap. 2). Dios da poder a Daniel para predecir cómo en forma soberana levantará y depondrá cuatro imperios gentiles. Debido a la posición revelada en el sueño, Nabucodonosor levanta una imagen de oro y exige que todos se inclinen ante ella (cap. 3). La persecución y preservación de los amigos de Daniel en el horno de fuego, nuevamente ilustran el poder de Dios.

Después que Nabucodonosor se niega a responder a la advertencia de su visión del árbol (cap. 4), es humillado hasta que reconoce la supremacía de Dios y la necedad de su soberbia. La fiesta

El Libro de Daniel

ENFOQUE	Historia de Daniel	Plan profético para los gentiles				Plan profético para Israel		
REFERENCIAS	1.1 .... 2.1	.... 5.1	.... 6.1	7.1	.... 8.1	.... 9.1 .... 10.1	.... 12.13
DIVISIÓN	Vida personal de Daniel	Visiones de Nabucodonosor	Visión de Belsasar	Decreto de Darío	Cuatro bestias	Visión del carnero y el macho cabrío	Visión de las setenta semanas	Visión del futuro de Israel
TEMA	Antecedentes de Daniel	Daniel interpreta sueños de otros				Un ángel interpreta los sueños de Daniel		
	Hebreo	Arameo				Hebreo		
LOCALIZACIÓN		Babilonia o Persia						
TIEMPO		c. 605 - 536 a.C.						

de Belsasar marca el fin del imperio babilónico (cap. 5). Belsasar es juzgado debido a su arrogante desafío contra Dios.

En el reinado de Darío, una conspiración contra Daniel se frustra cuando Dios lo libra en el foso de los leones (cap. 6). La valerosa fe de Daniel se ve recompensada, y Darío aprende una lección acerca del poder del Dios de Israel.

La visión de las cuatro bestias (cap. 7) complementa la visión de la estatua formada por cuatro partes en el capítulo 2 en su representación de los imperios babilónico, persa, griego y romano.

Plan profético para Israel (caps. 8—12)

El enfoque del capítulo 8 es una visión del carnero y del macho cabrío que muestra a Israel bajo los imperios medo persa y griego. Alejandro el grande es el cuerno grande de 8.21 y Antíoco Epifanes es el cuerno pequeño de 8.9. Después de la oración de confesión de Daniel por su pueblo, tiene el privilegio de recibir la revelación de las setenta semanas, incluida la muerte expiatoria del Mesías (9). Allí se da la cronología del plan perfecto de Dios para la redención y liberación de su pueblo. Luego hay una gran visión que da asombrosos detalles de la historia futura de Israel (caps. 10—11). El capítulo 11 hace una crónica de los futuros reyes de Persia y Grecia, la guerra entre los ptolomeos de Egipto y los seléucidas de Siria, y de las persecuciones lideradas por Antíoco. El pueblo de Dios será salvo de la tribulación y resucitará (cap. 12).

Bosquejo de Daniel

CINCO

LIBRO DE LOS
PROFETAS MENORES

◆

LOS últimos doce libros del Antiguo Testamento se hicieron conocidos como los libros de los profetas menores porque generalmente son más breves y fueron puestos a continuación de los cinco profetas mayores. Fueron escritos a lo largo de un período de 400 años en la historia de las naciones de Judá e Israel, abarcando los imperios asirio, babilónico y persa. Dos fueron profetas al reino del norte (Amós, Oseas); seis fueron profetas al reino del sur (Abdías, Joel, Miqueas, Nahum, Sofonías y Habacuc); uno llevó el mensaje de Dios a una nación pagana (Jonás); y tres fueron profetas después del cautiverio (Hageo, Zacarías, Malaquías).

LIBROS DE LOS PROFETAS MENORES

LIBRO	RESUMEN
Oseas	Mensaje de la condenación de Israel seguido por el perdón de Dios
Joel	Predicción de una invasión extranjera como forma del juicio de Dios
Amós	Profecía con ocho pronunciamientos de juicio contra Israel
Abdías	Profecía de la destrucción de Edom

Jonás	Un profeta renuente lleva a Nínive al arrepentimiento
Miqueas	Anuncio del juicio y promesa de la restauración mesiánica
Nahum	Profecía de la destrucción de Nínive
Habacuc	El profeta que le pregunta a Dios y lo alaba por el juicio que se aproxima contra Judá
Sofonías	Predicción de un juicio destructivo seguido de maravillosas bendiciones
Hageo	Llamado a reedificar el templo
Zacarías	Profecía mesiánica que exhorta a completar el templo
Malaquías	Profecía de destrucción seguida por bendiciones mesiánicas

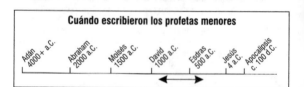

Cuándo escribieron los profetas menores

Adán 4000+ a.C. — Abraham 2000 a.C. — Moisés 1500 a.C. — David 1000 a.C. — Esdras 500 a.C. — Jesús 4 a.C. — Apocalipsis c. 100 d.C.

El libro de Oseas

Autor y fecha

El autor indiscutido de este libro es el profeta Oseas que se identifica a sí mismo en el libro como «hijo de Beeri» (1.1). El pro-

◆

CLAVES DE OSEAS

Palabra clave: *El fiel amor de Dios hacia Israel*

Los temas de los capítulos 1—3 tienen eco en el resto del libro. El adulterio de Gomer (cap. 1) ilustra el pecado de Israel (caps. 4—7); la degradación de Gomer (cap. 2) representa el juicio contra Israel (caps. 8—10); y la redención de Oseas (cap. 3) representa la restauración de Israel (caps. 11—14). Más que cualquier otro profeta del Antiguo Testamento, las experiencias personales de Oseas ilustran su mensaje profético.

Versículos claves: *Oseas 4.1; 11.7-9*

Capítulo clave: *Oseas 4*

La nación de Israel ha dejado el conocimiento de la verdad y ha seguido el camino idólatra de sus vecinos paganos. Oseas 4.6 es fundamental en este libro.

◆

feta dice que vivió y profetizó durante el reinado del rey Jeroboam II de Israel mientras cuatro reyes —Uzías, Jotam, Acaz y Ezequías— reinaban en Judá. Esto significa que su ministerio profético cubrió un período de cuarenta años, desde 755 a.C. aproximadamente hasta cerca de 715 a.C. Su libro fue escrito en algún momento durante ese período.

Ubicación histórica

Oseas profetizó durante los años de ocaso del reino del norte de Israel, período de una rápida decadencia moral. El culto de dioses falsos se mezcló con el culto al único Dios verdadero. Debilitado por luchas internas, Israel colapsó el año 722 a.C., cuando Asiria destruyó a Samaria, capital de Israel.

Carrera profética de Oseas

David 1090 a.C. — Reino dividido 931 a.C. — Cautividad asiria (Israel) 722 a.C. — Cautivad babilónica (Judá) 605 a.C. — Jesús 4 a.C.

Contribución teológica

Muchas personas creen que el Antiguo Testamento describe la ira de Dios mientras el Nuevo Testamento describe su amor. Sin embargo, el libro de Oseas incluye tiernas expresiones de un amor firme en medio de las expresiones de juicio del profeta. Oseas, junto a Deuteronomio y el Evangelio de Juan se clasifican como los tratados bíblicos más importantes sobre el amor de Dios.

Consideración especial

Pocos acontecimientos de la Biblia se han debatido tan intensamente como el matrimonio de Oseas. El mandato para que un hombre de Dios se case con una ramera es tan asombroso que los intérpretes han ofrecido muchas y diversas explicaciones, pero el sentido claro del texto es que Oseas se casó con una prostituta por mandato directo de Dios. De esta manera, por medio de su vida tormentosa Oseas podría presentar un cuadro llamativo del dolor en el corazón de Dios debido al adulterio de su pueblo del pacto.

Síntesis de Oseas

La esposa adúltera y el marido fiel (caps. 1—3)

Oseas se casa con una mujer llamada Gomer que le da tres hijos apropiadamente nombrados por Dios como señal para Israel. Jez-

El Libro de Oseas

ENFOQUE	La esposa adúltera y el marido fiel			La adúltera Israel y el Señor fiel		
REFERENCIAS	1.1 ·········· 2.2 ·········· 3.1 ··········			4.1 ·········· 6.4 ·········· 9.1 ·········· 11.1 ·········· 14.9		
DIVISIÓN	Matrimonio profético	Aplicación de Gomer a Israel	Restauración de Gomer	Adulterio espiritual de Israel	Israel no quiere arrepentirse	Juicio de Dios contra Israel	Restauración divina de Israel
TEMA	Matrimonio de Oseas			Mensaje de Oseas		
	Personal			Nacional		
LOCALIZACIÓN	Israel, el reino del norte					
TIEMPO	c. 755-715 a.C.					

reel, Loruhama y Loammí significan «Dios dispersa», «No compadecida» y «No pueblo mío». En forma similar, Dios juzgará y esparcirá a Israel a causa de su pecado.

Gomer busca otros amantes y abandona a Oseas. A pesar de las profundidades a las que la lleva su pecado, Oseas la redime del mercado de esclavos y la restaura.

Israel, la adúltera y el Señor fiel (caps. 4—14)

Debido a su dolorosa experiencia, Oseas puede sentir algo del dolor de Dios por su pueblo pecador. Su fiel amor por Gomer es un reflejo de la preocupación de Dios por Israel. Israel ha caído hasta el fondo del pecado y se ha endurecido contra el misericordioso último llamado de Dios para que regrese. Aun ahora Dios quiere sanarlos y redimirlos (7.1,13), pero en su arrogancia e idolatría, ellos se rebelan.

Los capítulos 9 y 10 dan el veredicto: la desobediencia de Israel los llevará a la dispersión. Dios es santo (4—7) y justo (8—10), pero también es amante y misericordioso (11—14). Dios debe castigar, pero por su amor infinito, finalmente salvará y restaurará a su pueblo extraviado.

Bosquejo de Oseas

I. La esposa adúltera y el marido fiel 1.1—3.5

   A. Introducción al libro de Oseas   1.1
   B. Matrimonio de Oseas con Gomer   1.2—2.1
   C. Aplicación del adulterio de Gomer   2.2-23
   D. Restauración de Gomer a Oseas   3.1-5

II. Israel, la adúltera y el Señor fiel (4.1—14.9)

   A. El adulterio espiritual de Israel   4.1—6.3
   B. Israel se niega a arrepentirse   6.4—8.14
   C. Juicio de Dios contra Israel   9.1—10.15
   D. Restauración de Israel   11.1—14.9

Libro de Joel

◆

CLAVES DE JOEL

Palabra clave: *El grande y terrible día de Jehová*

El tema clave de Joel es el día de Jehová en retrospectiva y en su manifestación futura. Joel usa la terrible plaga de langostas recientemente ocurrida en Judá para ilustrar el futuro día del juicio.

Versículos claves: *Joel 2.11,28,29*

Capítulo clave: *Joel 2*

El profeta llama a Judá al arrepentimiento y promete el arrepentimiento de Dios (2.13,14) de su anunciado juicio contra Judá, si ellos se convierten a Él.

◆

Autor y fecha

El autor de este libro es el profeta Joel que se identifica en la introducción como «hijo de Petuel» (1.1). Sus diversas referencias a la agricultura (1.7,10-12) pueden indicar que era labrador o pastor de ovejas.

A diferencia de los demás profetas del Antiguo Testamento, Joel no menciona reyes de Israel ni de Judá ni otro acontecimiento histórico que pueda darnos un indicio de cuándo escribió su profecía. La similitud del concepto de Joel acerca del día de Jehová con el lenguaje del profeta Sofonías (Jl 2.2; Sof 1.14-16) podría indicar que fueron contemporáneos. Sofonías profetizó poco antes de la caída de Jerusalén y de Judá como nación el año 587 a.C.

Ubicación histórica

Si Joel escribió su libro en las proximidades del año 600 a.C., debe haber vivido en los frenéticos días finales de Judá. Después que el ejército babilónico destruyó Jerusalén el año 587 - 586 a.C. los principales ciudadanos de Judá fueron llevados en cautiverio a Babilonia.

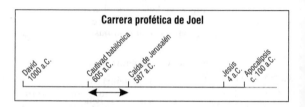

Carrera profética de Joel

David 1000 a.C. — Cautivad babilónica 605 a.C. — Caída de Jerusalén 587 a.C. — Jesús 4 a.C. — Apocalipsis c. 100 a.C.

Contribución teológica

El libro de Joel es notable porque muestra que un mensaje de Dios puede venir en la forma de un desastre natural. Este profeta nos enseña que el Señor puede usar un desastre natural para despertar a su pueblo hacia un renovado reconocimiento de su voluntad.

Consideración especial

Los lectores de Joel siempre se sienten impresionados por la predicción de un futuro derramamiento del Espíritu Santo (Jl 2.28-32). El apóstol Pedro usó este pasaje para explicar los apasionantes acontecimientos de Pentecostés a sus oyentes (Hch 2.16-21). Conforme al anuncio de Joel, el Espíritu Santo se derramó sobre todos los primeros seguidores de Jesús que estaban reunidos en Jerusalén buscando la voluntad de Dios y orando por la dirección divina.

El Libro de Joel

ENFOQUE	El día de Jehová en retrospectiva		El día de Jehová en perspectiva	
REFERENCIAS	1.1 ···1.13 ·······················2.1 ··················2.8 ···························3.21			
DIVISIÓN	El día de las langostas en el pasado	Día de la sequía en el pasado	El inminente día de Jehová	El día final de Jehová
TEMA	Invasión histórica		Invasión profética	
	Juicio contra Judá en el pasado		Juicio y restauración futura de Judá	
LOCALIZACIÓN	Judá, reino del sur			
TIEMPO	c. 600 a.C.			

Síntesis de Joel

El día de Jehová en retrospectiva (1.1-20)

Joel comienza con el relato de una plaga de langostas que devastó la tierra. La negra nube de insectos despojó los viñedos y los árboles frutales y arruinó la producción de trigo. La economía se detuvo totalmente a causa de una sequía y el pueblo estaba en una situación desesperada.

El día de Jehová en perspectiva (2.1—3.21)

En comparación con el terrible día de Jehová, la destrucción a causa de las langostas parecerá insignificante. La tierra será invadida por un ejército que vendrá como un enjambre, y la desolación causada por ellos será terrible (2.11)

De todos modos, no es demasiado tarde para que el pueblo evite el desastre. La advertencia profética tiene el objetivo de conducir al pueblo al punto del arrepentimiento (2.12-17). La oferta misericordiosa de Dios cae en oídos sordos. Finalmente, vendrán nuevamente y con más ferocidad los enjambres de atormentadoras langostas, arrastrándose y comiéndolo todo (1.4; 2.25). Pero Dios promete que el juicio vendrá seguido de mayores bendiciones en sentido material (2.18-27) y espiritual (2.28-32).

Estas ricas promesas van seguidas por una solemne descripción del juicio de todas las naciones en el valle de la decisión (3.14) en el final de los tiempos. Las naciones darán cuenta de sí ante el Dios de Israel que juzgará a quienes se han rebelado contra Él. Solo Dios controla el curso de la historia (3.17). Joel termina con las bendiciones del reino sobre el remanente fiel de Judá (3.20).

Bosquejo de Joel

I. El día de Jehová en retrospectiva 1.1-20

Libro de Amós

◆

CLAVES DE AMÓS

Palabra clave: *Juicio de Israel*

El tema básico de Amós es el juicio venidero de Israel debido a la santidad de Dios y la pecaminosidad de su pueblo del pacto.

Versículos claves: *Amós 3.1,2; 8.11,12*

Capítulo clave: *Amós 9*

Justo en medio de los duros juicios de Amós se encuentran algunas de las más grandes profecías de restauración de Israel en todas las Escrituras. Dentro del marco de solo cinco versículos, queda claro el futuro de Israel, cuando los pactos con Abraham, David, y el palestino se concentran en su cumplimiento cumbre en el regreso del Mesías.

◆

Autor, fecha y ubicación histórica

Indiscutiblemente el autor de este libro es Amós, humilde cabrero o pastor de Tecoa (1.1), aldea cercana a Jerusalén en el reino sureño de Judá. Dios lo llama a llevar su mensaje de juicio al pueblo que vive en Israel, la nación hermana de Judá en el norte. En su libro, Amós indica que profetizó durante los reinados de Uzías (Azarías) en Judá y de Jeroboam II en Israel (1.1). Esto ubica su profecía aproximadamente en el año 760 a.C. Debe haber escrito el libro poco después de esta fecha, quizás después de regresar a su

Carrera profética de Amós

hogar en Tecoa.

Contribución teológica

Amós se conoce como el gran «profeta de justicia» del Antiguo Testamento. Su libro subraya el principio de que la religión exige una conducta recta. La verdadera religión no es una cuestión de observar días de fiesta y ofrecer holocaustos, sino buscar la voluntad de Dios, tratar a los demás con justicia, y seguir los mandamientos de Dios.

Consideración especial

El libro de Amós es uno de los más elocuentes clamores por la rectitud y la justicia que se encuentran en la Biblia. Amós fue un humilde pastor que se atrevió a llevar el mensaje de Dios a la gente rica e influyente de su tiempo. Su mensaje es igualmente oportuno para nuestro tiempo.

Síntesis de Amós

Las ocho profecías (1.1—2.16)

Amós comienza con las naciones que circundan a Israel a medi-

El Libro de Amós

ENFOQUE	Ocho profecías	Tres sermones	Cinco visiones	Cinco promesas
REFERENCIAS	1.1 ··········	3.1 ··········	7.1 ··········	9.11 ·········· 9.15
DIVISIÓN	Juicio de Israel y las naciones vecinas	Pecado de Israel: Pasado, presente y futuro	Cuadros del juicio de Israel	Restauración de Israel
TEMA	Proclamaciones del juicio	Provocaciones para el juicio	Futuro del juicio	Promesas después del juicio
	Juicio			Esperanza
LOCALIZACIÓN	Naciones vecinas	Israel, el reino del norte		
TIEMPO	c. 760-753 a.C.			

da que su catálogo de desastres crece en espiral en Israel mismo. Siete veces Dios declara «prenderé fuego» como símbolo de juicio.

Tres sermones (3.1—6.14)

Luego Amós presenta tres sermones. El primero (cap. 3) es un pronunciamiento general de juicio debido a la iniquidad de Israel. El segundo sermón (cap. 4) denuncia los crímenes del pueblo y describe las formas en que Dios los ha castigado para conducirlos de regreso a Él. El tercero (caps. 5—6) da una lista de los pecados de la casa de Israel y exhorta al pueblo al arrepentimiento. Pero la negativa de ellos a volverse a Dios los llevará al exilio.

Las cinco visiones (7.1—9.10)

Los tres sermones de Amós van seguidos por cinco visiones del juicio venidero sobre el reino del norte. Los primeros dos juicios de langostas y fuego no llegan a ocurrir debido a la intercesión de Amós. La tercera visión de la plomada va seguida de la única sección narrativa del libro (7.10-17). La cuarta visión describe a Israel como una cesta de fruta de verano, madura para el juicio. La quinta visión es una implacable descripción del inevitable juicio contra Israel.

Las cinco promesas (9.11-15)

Amós ha insistido en el tema de la retribución divina con oráculos, sermones y visiones. Sin embargo, termina su libro con una nota de consuelo. Dios promete restablecer la línea de David, renovar la tierra y restaurar el pueblo después que su período de juicio haya alcanzado su fin.

Bosquejo de Amós

Libro de Abdías

Ubicación histórica

Siglos antes, los hermanos gemelos Jacob y Esaú, siguieron caminos separados (Gn 27; 36), pero la Biblia presenta muchos choques entre estas dos naciones: Edom e Israel.

Un ejemplo notable fue la negativa de los edomitas para dar permiso a los israelitas para cruzar su tierra cuando iban hacia la

---◆---

CLAVES DE ABDÍAS

Palabra clave: *Juicio de Edom*

El tema principal de Abdías es una declaración de la futura condenación de Edom debido a su arrogancia y crueldad contra Judá.

Versículos claves: *Abdías 10 y 21*

---◆---

tierra de Canaán (Nm 20.14-21). Pero el insulto final a Israel debe haber sido la participación de Edom en el saqueo de Jerusalén después que la ciudad cayó en manos de Babilonia.

Carrera profética de Abdías

David 1000 a.C.   Reino dividido 931 a.C.   Cautividad babilónica 605 a.C.   Caída de Jerusalén 587 a.C.   Jesús 4 a.C.

Contribución teológica

En el libro de Génesis Dios declara que bendecirá al resto de la humanidad por medio de Abraham y su descendencia. Además promete proteger a su pueblo especial contra cualquiera que tratara de dañarlo (Gn 12.1-3). Esta promesa es afirmada en el libro de Abdías cuando Dios conserva la fe de su pueblo a pesar de su falta de dignidad y desobediencia.

El Libro de Abdías

ENFOQUE	Juicio de Edom		Restauración de Israel
REFERENCIAS	1.1 ·········· 10 ·········· 15 ·········· 19·········· 21		
DIVISIÓN	Predicciones de juicio	Motivos del juicio	Resultados del juicio	Posesión de Edom por Israel
TEMA	Predicciones de juicio	Derrota de Israel		Victoria de Israel
				Predicciones de posesión
LOCALIZACIÓN	Edom e Israel		
TIEMPO	c. 586-539 a.C.		

Síntesis de Abdías

Juicio de Edom (vv. 1-18)

La primera sección de Abdías deja claro que la futura caída de Edom es una certeza y no una condición. Edom es arrogante (v. 3) debido a su segura posición en el monte Seir, región montañosa al sur del Mar Muerto. Pero cuando Dios destruya a Edom será completamente saqueado. Nada impedirá el completo juicio de Dios. Los versículos 10-14 describen el grave crimen de alegrarse por la invasión de Jerusalén. Edom se regocijó cuando los extranjeros arrasaron Jerusalén, y se identificaron con ellos.

Restauración de Israel (v. 19-21)

Los versículos finales dan al pueblo de Dios la esperanza no solo de poseer su propia tierra, sino la de Edom y la de los filisteos.

Bosquejo de Abdías

I.	Predicciones de juicio contra Edom	vv. 1-9
II.	Razones para el juicio Contra Edom	vv. 10-14
III.	Resultados del juicio contra Edom	vv. 15-18
IV.	Posesión de Edom por Israel	vv. 19-21

Libro de Jonás

Autor y fecha

El punto de vista tradicional es que el profeta Jonás escribió este libro. Esto ubicaría su escrito aproximadamente por el año 760 a.C., puesto que este profeta, «hijo de Amitai» (1.1) es el mismo Jonás que profetizó durante el reinado de Jeroboam II de

◆

CLAVES DE JONÁS

Palabra clave: *Avivamiento en Nínive*

El cuidado amoroso de Dios por los gentiles no es una verdad que se revela solo en el Nuevo Testamento. Más de siete siglos antes de Cristo, Dios comisionó al profeta hebreo Jonás para que proclamara el mensaje de arrepentimiento a los asirios.

Versículos claves: *Jonás 2.8,9; 4.2*

Capítulo clave: *Jonás 3*

El tercer capítulo de Jonás narra lo que constituye quizás el avivamiento más grande de todos los tiempos cuando toda la ciudad de Nínive «creyeron a Dios y proclamaron ayuno» y clamaron a Dios.

◆

Israel, de 793 a 753 a.C. (2 R 14.25). La única otra cosa que sabemos de Jonás es que era de la aldea de Gat-hefer en Israel.

Ubicación histórica

El profeta Jonás visitó Nínive durante los días gloriosos del imperio asirio. Desde aproximadamente 885 a 625 a.C., los asirios dominaron el mundo antiguo. Numerosos pasajes del Antiguo

Carrera profética de Abdías

David 1000 a.C. — Reino dividido 931 a.C. — Jeroboam II 793-753 a.C — Cautividad asiria 722 a.C. — Caída de Nínive 612 a.C. — Jesús 4 a.C.

Testamento hablan sobre los avances de las fuerzas militares asirias contra los reinos vecinos de Judá e Israel durante esos años. Israel finalmente cayó ante las fuerzas asirias hacia el año 722 a.C.

Contribución teológica

Una de las grandes verdades que enfatiza este libro es que Dios puede usar a personas que no quieren ser usadas por Él. Jonás fue prácticamente llevado a Nínive contra su voluntad, pero su mensaje dado a regañadientes logró tocar una cuerda que hizo que los asirios respondieran. Sin embargo, el gran aporte del libro es que Dios desea mostrar misericordia y gracia a todos los pueblos de la tierra. Ninguna nación o grupo puede reclamar los derechos exclusivos de su amor.

Consideración especial

Se ha prestado mucha atención al «gran pez» (1.17) que se tragó a Jonás y luego lo vomitó en la playa. Nada resolvemos debatiendo si un pez pudo tragar a un hombre o si una persona puede permanecer vivo tres día en el estómago de tal criatura. El punto de esta parte de la historia es que Dios obró un milagro para preservar la vida de su profeta para que pudiera llegar a Nínive para llevar a término las órdenes de Dios.

Síntesis de Jonás

Primera comisión de Jonás (caps. 1—2)

Este capítulo narra la comisión de Jonás (1.1,2), su desobediencia (1.3), y el juicio contra este (1.4-17). Jonás no quiere ver que Dios perdone a los asirios, notoriamente crueles. En vez de viajar ochocientos kilómetros hacia el norte, a Nínive, Jonás intenta irse mil seiscientos kilómetros al oeste, a Tarsis (España).

Dios prepara un gran pez para lograr el resultado deseado. El pez y el punto de encuentro divinamente señalado al profeta se convierten en un poderoso recordatorio para Jonás de la soberanía de Dios en toda circunstancia. Mientras está en el vientre del

El Libro de Jonás

ENFOQUE	Primera comisión de Jonás				Segunda comisión de Jonás			
REFERENCIAS	1.1·········1.4·········2.1·········2.10·········3.1·········3.5·········4.1·········4.4·······4.11							
DIVISIÓN	Desobediencia al primer llamado	Juicio sobre Jonás	Oración de Jonás en el pez	Liberación de Jonás del pez	Obediencia al segundo llamado	Se conjura el juicio contra Nínive	Oración de Jonás	Reprensión a Jonás
TEMA	Misericordia de Dios sobre Jonás				Misericordia de Dios sobre Nínive			
	«No voy»		«Iré»		«Heme aquí»		«No debí haber venido»	
LOCALIZACIÓN	El gran mar				La gran ciudad			
TIEMPO	c. 760 a.C.							

1

pez (2), Jonás pronuncia un salmo de alabanza que alude a varios salmos que iban pasando por su mente (Sal 3.8; 31.22; 42.7; 69.1).

En esta singular «cámara de oración», Jonás ofrece acciones de gracias por ser librado de una muerte por ahogamiento. Cuando reconoce que «la salvación pertenece a Jehová» (2.9), está finalmente dispuesto a obedecer y ser usado por Dios. Después que es echado en la playa, Jonás tiene mucho tiempo para reflexionar sobre su experiencia mientras viaja hacia el oriente los ochocientos kilómetros hacia Nínive.

Segunda comisión de Jonás (caps. 3—4)

Jonás obedece esta segunda comisión de ir a Nínive (3.1-4), donde se convierte en «señal» para los ninivitas (Lc 11.30). El profeta es una lección objetiva y viviente de Dios, con su piel blanqueada por su estadía en el pez. Las palabras de Jonás acerca del juicio venidero van seguidas por una proclamación de ayuno y arrepentimiento por el rey de la ciudad. Debido a su gran misericordia, Dios «se arrepintió del desastre que había dicho que les haría» (3.10).

En el capítulo final, el amor y la misericordia de Dios se contrastan con la ira y falta de compasión de Jonás. Se siente infeliz por el resultado de su mensaje porque sabe que Dios ahora perdonará a Nínive. Dios usa una planta, un gusano y un viento para enseñar a Jonás una lección sobre lo que es la compasión. Se ve obligado a ver que su falta de perspectiva divina hace que su arrepentimiento sea un problema mayor que el arrepentimiento de Nínive.

Bosquejo de Jonás

Libro de Miqueas

CLAVES DE MIQUEAS

Palabra clave: *Juicio y restauración de Judá*

Miqueas denuncia la injusticia de Judá y expone la rectitud y la justicia de Dios. Casi un tercio del libro culpa a Israel y Judá por pecados específicos. Otro tercio de Miqueas anuncia el juicio que vendrá como resultado de tales pecados. El otro tercio del libro es un mensaje de esperanza y consuelo. La justicia de Dios va a triunfar y vendrá el divino Libertador.

Versículos claves: *Miqueas 6.8; 7.18*

Capítulos clave: *Miqueas 6; 7*

La sección final de Miqueas es una escena en un tribunal. Dios contiende contra su pueblo, y convoca a los montes y los collados para formar el jurado al presentar su causa. Puede haber un solo veredicto: culpable.

Sin embargo, el libro termina con una nota de esperanza, el mismo Dios que ejecuta el juicio se complace en extender su misericordia (7.18,7).

Autor y fecha

Este libro fue escrito por el profeta Miqueas, originario de la aldea de Moreset (1.1) en la sureña Judá, cerca de la ciudad filistea de Gat. Dado que Miqueas defendió los derechos de los pobres, probablemente haya sido un humilde campesino o pastor de ganado, aunque muestra un notable conocimiento de Jerusalén y Samaria, las capitales de Judá e Israel. Además, Miqueas nos dice que profetizó «en días de Jotam, Acaz y Ezequías, reyes de Judá» (1.1). Los reinados de estos tres reyes se extienden desde 750 a.C. a 687 a.C. aproximadamente; entonces es probable que el libro se haya escrito en algún momento durante ese período.

Ubicación histórica

El libro de Miqueas pertenece al turbulento período durante el cual los asirios lanzaron su carrera por la supremacía en el mundo antiguo. Probablemente Miqueas haya visto cumplida su profecía contra Israel, puesto que los asirios derrotaron a Israel el año 722 a.C.

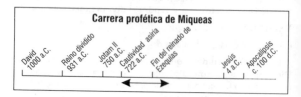

Carrera profética de Miqueas

David 1000 a.C. — Reino dividido 931 a.C. — Jotam II 750 a.C. — Cautividad asiria 722 a.C. — Fin del reinado de Ezequías — Jesús 4 a.C. — Apocalipsis c. 100 d.C.

Contribución teológica

La mezcla de juicio y promesa en el libro de Miqueas es una notable característica de los profetas del Antiguo Testamento. Estos pasajes contrastantes dan una idea real del carácter de Dios. En su ira se acuerda de su misericordia. No puede mantener su ira para siempre. Dios estaba decidido a mantener su santidad, y por eso actuó con juicio contra los que habían quebrantado su pacto. Pero estaba igualmente decidido a cumplir la promesa hecha muchos siglos antes a Abraham.

Quizás la mayor contribución del libro de Miqueas sea su claro anuncio del cumplimiento final del pacto: la venida de un Salvador.

Síntesis de Miqueas

Predicción del juicio (caps. 1—3)

Miqueas comienza por lanzar una declaración general de la condenación de Israel (Samaria) y Judá (Jerusalén). Ambos reinos serán depuestos debido a su desenfrenada traición. Miqueas usa una serie de juegos de palabras con los nombres de diversas ciudades de Judá en sus lamentos por la venidera destrucción de Judá (1.10-16). Esto va seguido por algunas de las causas específicas para el juicio: planes premeditados, codicia y crueldad. Sin embargo, Dios volverá a reunir un remanente de su pueblo (2.12,13). Luego el profeta condena sistemáticamente a los príncipes (3.1-4) y a los profetas (3.5-8) y concluye con una advertencia de un juicio venidero (3.9-12).

Predicción y restauración (caps. 4—5)

Luego Miqueas pasa a un mensaje de dos capítulos llenos de esperanza en los que describe la reinstitución del reino (4.1-5) con la cautividad del reino (4.6—5.1), y concluye con la profecía del nacimiento del Mesías (5.2). Este versículo mesiánico es asombroso en su exactitud porque nombra en forma específica la aldea donde el Mesías iba a nacer: la aldea de Belén en el territorio de la tribu de Judá.

Súplica para que se arrepientan (caps. 6—7)

En sus dos controversias con su pueblo, Dios los convoca a la corte y presenta un caso irrebatible contra ellos. El verdadero culto consiste en seguir la voluntad de Jehová y tratar en forma justa

El Libro de Miqueas

ENFOQUE	Predicción del juicio		Predicción y restauración			Súplica para que se arrepientan		
REFERENCIAS	1.1 ·········3.1·········		4.1·········	5.2·········		6.1·········	6.10·········7.7·········7.20	
DIVISIÓN	Juicio contra el pueblo	Juicio contra el liderazgo	Promesa del reino venidero	Promesa de cautividades futuras	Promesa de un Rey venidero	Primera súplica de Dios	Segunda súplica de Dios	Promesa de la salvación final
TEMA	Castigo		Promesa			Perdón		
	Retribución		Restauración			Arrepentimiento		
LOCALIZACIÓN	Judá – Israel							
TIEMPO	c. 735-710 a.C.							

a los demás y no en ritos vanos. Miqueas concluye con una serie de promesas sublimes en el sentido que el Señor les perdonará la iniquidad y renovará la nación en conformidad con su pacto.

Bosquejo de Miqueas

Libro de Nahum

Autor y fecha

Este libro fue escrito por un profeta conocido como «Nahum de Elcos» (1.1). Esta breve identificación nos dice todo lo que sabemos acerca de este portavoz de Dios. Aun la localización de su pueblo, Elcos, es insegura. El libro probablemente fue escrito alrededor del año 612 a.C., poco antes de la caída de Nínive.

Ubicación histórica

Por más de cien años antes del tiempo de Nahum, Asiria había

◆

CLAVES DE NAHUM

Palabra clave: *Juicio contra Nínive*

Si alguna ciudad mereció el título «vine para quedarme», esa fue Nínive. Pero Nahum declara que Nínive caerá.

Versículos claves: *Nahum 1.7,8; 3.5-7*

Capítulo clave: *Nahum 1*

Nahum 1.2 - 8 describe la paciencia, el poder, la santidad y la justicia del Dios vivo. Es lento para la ira, pero arregla en forma completa sus cuentas. Este libro se preocupa de la caída de Asiria, pero se escribe para beneficio del reino sobreviviente de Judá.

◆

---

sido una de las potencias dominantes en el mundo antiguo. El reino del norte, Israel, cayó ante las fuerzas asirias el año 722 a.C. Algunos profetas enseñaban que esta nación pagana fue usada como instrumento del juicio de Dios contra su pueblo descarriado. Pero ahora es el turno de Asiria para sentir la fuerza de la ira de Dios. Los ejércitos de Nabopolasar de Babilonia atacaron Nínive el año 612 a.C. Todo el imperio asirio se derrumbó tres años más tarde bajo el ataque implacable de este agresivo rey babilónico.

Carrera profética de Nahum

David 1000 a.C. | Reino dividido 931 a.C. | Cautividad asiria 722 a.C. | Caída de Nínive 612 a.C. | Jesús 4 a.C.

El Libro de Nahum

ENFOQUE	Decreto de la destrucción de Nínive		Descripción de la destrucción de Nínive		La destrucción de Nínive es merecida	
REFERENCIAS	1.1 ·············· 1.9 ·················		2.1 ·······2.3 ······3.1 ·······3.12 ·······3.19			
DIVISIÓN	Principios generales del juicio divino	Destrucción de Nínive y liberación de Judá	Llamado a la batalla	Descripción de la destrucción de Nínive	Motivos de la destrucción de Nínive	Inevitable destrucción de Nínive
TEMA	Veredicto de venganza		Visión de la venganza		Vindicación de la venganza	
	Lo que Dios hará		Cómo Dios lo hará		Por qué Dios lo hará	
LOCALIZACIÓN	En Judá contra Nínive, capital de Asiria					
TIEMPO	c. 612 a.C.					

Contribución teológica

Este libro enseña sobre el juicio seguro de Dios contra los que se oponen a su voluntad y abusan contra su pueblo. Aunque Dios a veces usa a una nación pagana como instrumento de su juicio, también juzgará a esa nación por sus normas de justicia y santidad.

Síntesis de Nahum

Decreto para la destrucción de Nínive (cap. 1)

Nahum comienza con una muy clara descripción del carácter de Dios. Debido a su justicia, es un Dios vengador (1.2). También se caracteriza a Dios por su paciencia (1.3) y poder (1.3-6). Es misericordioso con todos los que le responden, pero los que se rebelan en su contra serán consumidos (1.7,8). Dios es santo, y Nínive está condenada por su pecado (1.9-14). Nada puede interponerse en el camino del juicio, y este es un mensaje de consuelo para el pueblo de Judá (1.15)

Descripción de la destrucción de Nínive (cap. 2)

Asiria será derrotada, pero Judá será restaurado (2.1,2). La descripción que Nahum hace del sitio de Nínive (2.3-7) y del saqueo de Nínive (2.8-13) es uno de los retratos más vívidos de una batalla en las Escrituras.

Nínive merece su destrucción (cap. 3)

Nahum cierra su breve libro de juicio con las razones de Dios para la destrucción de Nínive. La ciudad se caracteriza por su crueldad y corrupción (3.1-7). Así como Asiria aplastó la ciudad de Tebas, capital de Egipto (no Amón), la capital de Asiria será también destruida (3.8-10). Nínive está tan bien fortificada que parece imposible su derrota, pero Dios proclama que su destrucción es inevitable (3.11-19).

Bosquejo de Nahum

El libro de Habacuc

Autor y fecha

Nada se sabe del profeta Habacuc aparte de su nombre. Puesto que el libro habla de la destrucción venidera de Judá, debe de haber sido escrito en algún tiempo antes de la destrucción de Jerusalén por los babilonios el año 587 a.C. El tiempo más probable para su composición debe haber sido alrededor del año 660 a.C.

Ubicación histórica

El libro de Habacuc pertenece al período turbulento de la historia antigua cuando el poder mundial se estaba desplazando de

Carrera profética de Habacuc

David 1000 a.C. — Reino dividido 931 a.C. — Cautividad babilónica 605 a.C. — Caída de Jerusalén 587 a.C. — Jesús 4 a.C.

◆

CLAVES DE HABACUC

Palabra clave: *El justo por su fe vivirá*

Habacuc lucha en su fe cuando ve que los hombres violan y tergiversan flagrantemente la ley y la justicia de Dios, sin temor de la intervención divina. Quiere saber por qué Dios permite que esta creciente iniquidad siga sin castigo. La respuesta de Dios satisface a Habacuc, que puede confiar en Él aun en las peores circunstancias debido a su sabiduría, bondad y poder incomparables.

Versículos claves: *Habacuc 2.4; 3.17-19*

Capítulos clave: *Habacuc 3*

El libro de Habacuc se estructura hasta llegar a un clímax triunfal en los últimos tres versículos (3.17-19). El principio del libro y el final tienen un agudo contraste: del misterio a la certeza, de las preguntas a la afirmación, y de las quejas a la confianza.

◆

---

los asirios a los babilonios. La dominación asiria llegó a su fin con la destrucción de su capital, Nínive, por los invasores babilonios en el año 612 a.C. Menos de veinte años después que Habacuc escribió este libro los babilonios también destruyeron Jerusalén y se llevaron cautivos a los principales ciudadanos de Judá.

Contribución teológica

La técnica de preguntas y respuestas del profeta Habacuc enseña una valiosa lección acerca de la naturaleza de Dios. Que Dios permita ser cuestionado por uno de sus seguidores es una indicación de su misericordiosa longanimidad y gracia.

El tema del juicio de Dios contra la injusticia también se encuentra entretejido a lo largo del libro. Dios pronto castigará por sus transgresiones a su pueblo descarriado, pero también castigará a los paganos babilonios debido a su gran pecado. Los actos de juicio de Dios se ejecutan de acuerdo con su santidad, justicia y misericordia.

Consideración especial

La famosa declaración de Pablo: «El justo por la fe vivirá» (Ro 1.17), es una cita directa de Habacuc 2.4. En este breve libro profético, encontramos semillas del glorioso evangelio de nuestro Señor y Salvador Jesucristo.

Síntesis de Habacuc

Los problemas de Habacuc (caps. 1—2)

El primer diálogo de Habacuc con Dios ocurre en 1.1-11. En 1.1-4, el profeta pregunta a Dios por cuánto tiempo permitirá que la maldad de Judá siga impune. El pueblo de Judá peca con impunidad, y pervierten la justicia. La respuesta sorprendente de Dios se da en 1.5-11. Él está levantando a los fieros babilonios como su vara de juicio contra la pecaminosa Judá. Los caldeos vendrán contra Judá velozmente, con violencia y en forma completa. La tormenta del oriente que se aproxima será la respuesta de Dios para los crímenes de Judá.

Esta respuesta lleva al segundo diálogo de Habacuc con Dios (1.12—2.20). El profeta está más perplejo que nunca, y pregunta cómo el Dios justo puede castigar a Judá con una nación que es aun más perversa (1.12—2.1). Habacuc se para sobre una atalaya para esperar la respuesta de Dios, y el Señor responde con una serie de cinco ayes.

Los babilonios no escaparán de su terrible juicio, pero Judá es culpable de las mismas ofensas y está bajo la misma condenación.

El Libro de Habacuc

ENFOQUE	Problemas de Habacuc			Alabanza de Habacuc
REFERENCIAS	1.1 ············1.5 ···········1.12 ··········2.2 ··········3.1 ···········3.19			
DIVISIÓN	Primer problema de Habacuc	Primera respuesta de Dios	Segundo problema de Habacuc	Segunda respuesta de Dios	Oración de alabanza de Habacuc
TEMA	Fe confusa			Fe triunfante
	Lo que Dios hace			Quién es Dios
LOCALIZACIÓN	La nación de Judá			
TIEMPO	c. 607 a.C.			

Alabanza de Habacuc (cap. 3)

Habacuc comienza preguntándole a Dios, pero concluye su libro con un salmo de alabanza por la persona (3.1-3), el poder (3.4-12) y el plan de Dios (3.13-19). Ahora reconoce la sabiduría de Dios en la invasión de Judá que se aproxima, y aunque lo aterroriza, confiará en el Señor.

Bosquejo de Habacuc

El libro de Sofonías

Autor y fecha

Los eruditos están generalmente de acuerdo en que el profeta Sofonías escribió el libro que lleva su nombre. En la introducción (1.1), el autor presenta una genealogía de cuatro generaciones hasta Ezequías, quien fue un rey de Judá notable por su fidelidad a Dios. El libro también cuenta que el profeta Sofonías ministró durante los días de Josías, un rey piadoso que reinó en Judá desde 641 a 609 a.C. aproximadamente. La mayoría de los eruditos fija la fecha del libro en los alrededores del año 627 a.C.

◆

CLAVES DE SOFONÍAS

Palabra clave: *El día de Jehová*

Dios es santo y debe vindicar su justicia llamando a cuentas ante Él a todas las naciones del mundo. El Dios soberano juzgará no solo a su pueblo, sino a todo el mundo. La ira y la misericordia, la severidad y la bondad no se pueden separar en el carácter de Dios.

Versículos claves: *Sofonías 1.14,15; 2.3*

Capítulo clave: *Sofonías 3*

El último capítulo de Sofonías narra las dos partes distintas del día de Jehová: juicio y restauración. A continuación de la conversión de la nación, Israel es plenamente restaurado. Bajo el reinado justo de Dios, Israel hereda completamente las bendiciones contenidas en los pactos bíblicos.

◆

Ubicación histórica

Este libro corresponde a un período oscuro en la historia de Judá. Casi cien años antes de la época de Sofonías, el reino del norte, nación hermana de Judá, había caído ante una potencia extranjera debido a su pecado e idolatría. Sofonías sentía que lo mismo estaba por ocurrir con el reino del sur, Judá, y precisamente por la misma causa.

Bajo el liderazgo de dos reyes malos, Manasés y Amón, el pueblo de Judá había caído en la adoración de dioses falsos. Ni siquiera una breve renovación religiosa bajo el buen rey Josías fue suficiente para revertir la corriente de paganismo y de culto falso que llevaba a Judá a una destrucción inminente. El juicio cayó sobre la nación el año 587 a.C. cuando los invasores babilonios destruyeron la ciudad de Jerusalén y condujeron cautivos a sus principales ciudadanos a Babilonia.

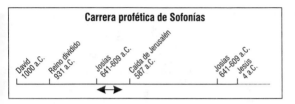

Carrera profética de Sofonías

David 1000 a.C. / Reino dividido 931 a.C. / Josías 641-509 a.C. / Caída de Jerusalén 587 a.C. / Josías 641-509 a.C. / Jesús 4 a.C.

Contribución teológica

El juicio de Jehová descrito por el profeta Sofonías brota de su naturaleza como Dios de santidad. Puesto que exige santidad y justicia a su pueblo, Dios juzgará a los que persisten en el pecado y la rebelión (1.17). Sin embargo, Jehová es misericordioso y fiel a sus promesas.

Síntesis de Sofonías

Juicio en el día de Jehová (1.1—3.8)

El oráculo profético comienza con una sobrecogedora declaración del juicio venidero sobre toda la tierra a causa de los pecados de los hombres (1.2,3). Enseguida Sofonías se concentra en el juicio contra Judá (1.4-18), y da una lista de las ofensas que lo provocarán. Judá está contaminado con sacerdotes idólatras que promueven el culto a Baal y a la naturaleza, y sus oficiales y príncipes son completamente corruptos. En consecuencia, el día de Jehová es inminente; se caracterizará por el terror, la desolación y la angustia. Sin embargo, por su gracia, Dios llama a este pueblo al arrepentimiento y a la humillación para impedir la venida del desastre antes que sea demasiado tarde (2.1-3).

Sofonías proclama el juicio venidero contra las naciones que

El Libro de Sofonías

ENFOQUE	Juicio en el día de Jehová				Salvación en el día de Jehová	
REFERENCIAS	1.1 ·········1.4 ·········2.4 ·········3.1·········3.8·········3.9 ·········3.14 ·····3.20					
DIVISIÓN	Juicio contra toda la tierra	Juicio contra Judá como nación	Juicio contra las naciones vecinas de Judá	Juicio contra la ciudad de Jerusalén	Juicio contra toda la tierra	Promesa de conversión	Promesa de restauración
TEMA	Día de ira				Día de gozo	
	Juicio contra Judá				Restauración de Judá	
LOCALIZACIÓN	Judá y las naciones					
TIEMPO	c. 630 a.C.					

rodean a Judá: Filistea (al occidente), Moab y Amón (al oriente), Etiopía (al sur) y Asiria (al norte) (2.4-15). Luego se concentra en Jerusalén, el centro de los tratos de Dios, pero ciudad caracterizada por la rebelión espiritual y la traición moral (3.1-7).

Salvación en el día de Jehová (3.9-20)

Después de una amplia declaración de juicio contra todas las naciones (3.8), Sofonías cambia su tono a bendición por el resto del libro. Porque este también es un aspecto del día de Jehová. La nación será purificada e invocará el nombre de Jehová (3.9,10). El remanente de Israel se volverá a reunir y será redimido y restaurado (3.11-20) Se gozarán en su Redentor que estará en medio de ellos.

Bosquejo de Sofonías

El libro de Hageo

Autor y fecha

Este libro fue escrito por el profeta Hageo, cuyo nombre significa «festivo». Al igual que aquellos a quienes se dirige, pasó muchos años en el cautiverio en Babilonia antes de regresar a su

◆

CLAVES DE HAGEO

Palabra clave: *Reconstrucción del templo*

El tema básico de Hageo es claro: el remanente debe ordenar sus prioridades y completar el templo antes de esperar la bendición de Dios sobre sus esfuerzos.

Versículos claves: *Hageo 1.7,8; 2.7-9*

Capítulo clave: *Hageo 2*

Los versículos 6-9 registran una de las más sorprendentes profecías de las Escrituras: «Yo haré temblar los cielos y la tierra, el mar y la tierra seca (la tribulación)»; «y vendrá el Deseado de todas las naciones»; y «daré paz en este lugar» (Segunda Venida del Mesías)

■ ◆ ■

tierra natal. Pronunció estos mensajes de estímulo «en el año segundo de Darío» (1.1), rey de Persia. Esto pone la fecha del libro exactamente en el año 520 a.C.

Ubicación histórica

Hageo nos lleva a uno de los períodos más turbulentos de la historia de Judá. Por más de cincuenta años fueron cautivos de los babilonios. Pero se les permitió regresar a su tierra nativa, a partir

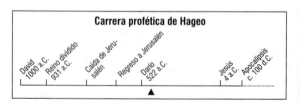

Carrera profética de Hageo

David 1000 a.C. | Reino dividido 931 a.C. | Caída de Jerusalén | Regreso a Jerusalén | Darío 522 a.C. | Jesús 4 a.C. | Apocalipsis c. 100 d.C.

▲

del año 530 a.C. aproximadamente, después que Babilonia fuera conquistada por los persas.

Contribución teológica

Hageo estimuló al pueblo para que pusiera la reedificación del templo como lo más importante en su lista de prioridades. Era importante reedificar el templo en Jerusalén como lugar de culto y sacrificios. Siglos más tarde, en el momento de la muerte de Jesús, «el velo se partió en dos» (Lc 23.45), demostrando que se había dado como sacrificio eterno en nuestro lugar.

Consideración especial

El libro de Hageo termina con una hermosa promesa de la venida del Mesías. Mientras tanto, Zorobabel, el siervo especial de Dios, iba a servir como «anillo de sellar» (2.23), señal de una promesa de esperanza para una plena restauración del pueblo del pacto de Dios en su tierra natal.

Síntesis de Hageo

La terminación del segundo templo (1.1-15)

Cuando regresan de Babilonia bajo Zorobabel, el remanente comienza a reedificar el templo de Dios. Sin embargo, la obra pronto se detiene y el pueblo busca excusas para ignorarlo y los años siguen pasando. No tienen problemas para edificar costosas casas para ellos mismos (1.4), mientras pretenden que aún no ha llegado el tiempo para reedificar el templo (1.2).

Dios quita su bendición y se sumen en la depresión económica causada por su indiferencia a Dios. Dios se comunica directamente por medio de su profeta Hageo, Zorobabel el gobernador, Josué el sumo sacerdote, y todo el pueblo responde; y veintitrés días más tarde comienzan nuevamente la obra del templo.

La gloria del segundo templo (2.1-9)

En pocas semanas, el entusiasmo del pueblo se convierte en de-

El Libro de Hageo

ENFOQUE	La terminación del segundo templo	La gloria del segundo templo	Bendiciones presentes de la obediencia	Las bendiciones futuras de la promesa
REFERENCIAS	1.1 ··········	2.1 ··········	2.10 ··········	2.20 ·········· 2.23
DIVISIÓN	«Meditad sobre vuestros caminos ... Mi casa está desierta»	«La gloria postrera de esta casa será mayor»	«Desde este dia os bendeciré»	«Haré temblar los cielos y la tierra»
TEMA	El templo de Dios		Las bendiciones de Dios	
	Primera reprensión (presente)	Primer estímulo (futuro)	Segunda reprensión (presente)	Segundo estímulo (futuro)
LOCALIZACIÓN	Jerusalén			
TIEMPO	1 de septiembre 520 a.C.	21 de octubre 520 a.C.	24 de diciembre 520 a.C.	24 de diciembre 520 a.C.

saliento; los ancianos recuerdan la gloria del templo de Salomón y se lamentan de lo pequeño del nuevo templo (véase Esd 3.8-13). La palabra profética de aliento de Hageo recuerda al pueblo del pacto de Dios las promesas del pasado (2.4,5) y sus confiados planes para el futuro (2.6-9).

Bendiciones presentes de la obediencia (2.10-19)

El mensaje de Hageo a los sacerdotes ilustra el concepto de contaminación (2.11-13) y lo aplica a la nación (2.14-19). El Señor exige santidad y obediencia, y la contaminación del pecado bloquea la bendición de Dios.

Las bendiciones futuras de la promesa (2.20-23)

El mismo día que Hageo se dirige a los sacerdotes, da el segundo mensaje a Zorobabel. Dios se moverá en juicio, y con su poder destruirá a las naciones de la tierra (2.21,22). En aquel tiempo, será honrado Zorobabel, símbolo del Mesías venidero.

Bosquejo de Hageo

Libro de Zacarías

◆

CLAVES DE ZACARÍAS

Palabra clave: *Preparación para el Mesías*

Los primeros ocho capítulos frecuentemente se refieren al templo y animan al pueblo a completar su gran obra del nuevo santuario. Mientras edifican el templo, edifican su futuro, porque esa misma estructura será usada por el Mesías cuando venga a traer salvación.

Versículos claves: *Zacarías 8.3; 9.9*

Capítulo clave: *Zacarías 14*

Zacarías avanza hasta alcanzar un maravilloso clímax en el capítulo 14, donde revela el último sitio de Jerusalén y la santidad definitiva de Jerusalén y su pueblo.

◆

Autor, fecha y ubicación histórica

La mayoría de los eruditos conservadores concuerdan en que todo el libro de Zacarías fue escrito por el profeta de ese nombre, que se identifica en la introducción como el «hijo de Berequías» (1.1). Sin embargo, algunos insisten que la segunda sección principal del libro, capítulos 9—14, fue agregado por un autor desconocido 30 o 40 años más tarde. Lo más probable es que estas profecías hayan sido entregadas oralmente y luego puestas por escrito en un período de unos 45 años, desde 520 a 475 a.C.

Es probable que Zacarías fuera sacerdote y profeta, circunstancia poco usual pues la mayoría de los profetas de Israel hablaban contra la clase sacerdotal. Probablemente nació en Babilonia mientras el pueblo judío estaba cautivo y regresó con su familia en la primera ola de cautivos que llegó a Jerusalén bajo Zorobabel por el año 530 a.C.

Carrera profética de Zacarías

David 1000 a.C. | Reino dividido 931 a.C. | Caída de Jerusalén 587 a.C. | Regreso a Jerusalén | Darío 522 a.C. | Jerjes 485 a.C. | Nacimiento de Jesús 4 a.C. | Apocalipsis c. 100 d.C.

Contribución teológica

Una de las grandes contribuciones del libro de Zacarías es la unión de elementos sacerdotales y proféticos de la historia de Israel, preparativo para entender a Cristo como sacerdote y profeta. Zacarías también se destaca por el desarrollo del estilo profético apocalíptico, lenguaje altamente simbólico y visionario acerca de acontecimientos del último tiempo. En esto su escrito forma una categoría separada con los libros de Daniel y Apocalipsis.

Consideración especial

Zacarías 12.10 es un versículo notable que habla de la respuesta de la nación a Jesucristo como Salvador y Señor. Describe un día en el futuro cuando el pueblo judío (la casa de David y los habitantes de Jerusalén) reconocerán la importancia de la muerte de Jesús y serán salvos. Pero lo más sorprendente de Zacarías 12.10 es la frase «mirarán a mí, a quien traspasaron». Al hablar por medio del profeta Zacarías, el Señor se identifica como que será traspasado.

Síntesis de Zacarías

Las ocho visiones (caps. 1—6)

El libro se inicia con un llamado introductorio al pueblo para que se arrepienta y se vuelva a Dios, a diferencia de sus padres que rechazaron las advertencias de los profetas (1.1-6). Pocos meses después, Zacarías tiene una serie de ocho visiones, evidentemente en una noche de turbación (15 de febrero, 519 a.C.; 1.7). Las primeras cinco son visiones de consuelo, y las últimas tres son visiones de juicio:

(1) El jinete entre los mirtos - Dios reedificará a Sion y su pueblo (1.7-17).
(2) Los cuatro cuernos y los carpinteros - Los opresores de Israel serán juzgados (1.8-21).
(3) El varón con cordel de medir - Dios protegerá y glorificará a Jerusalén (2.1-13).
(4) Purificación de Josué el sumo sacerdote - Israel será purificado y restaurado por el Renuevo venidero (3.1-10).
(5) El candelabro de oro - El Espíritu de Dios da poder a Zorobabel y Josué (4.1-14).
(6) El rollo que volaba - El pecado individual será juzgado (5.1-4).
(7) La mujer en el efa - El pecado nacional será quitado (5.5-11).
(8) Los cuatro carros - El juicio de Dios descenderá sobre las naciones (6.1-8). La coronación de Josué (6.9-15) anuncia la venida del Renuevo que será rey y sacerdote (una corona compuesta).

Los cuatro mensajes (caps. 7—8)

En respuesta a una pregunta sobre la continuación de los ayunos (7.1-3), Dios da a Zacarías una serie de cuatro mensajes:
• Reprobación del vano ritualismo (7.4-7)
• Recordatorio de la desobediencia del pasado (7.8-14)
• Restauración y consolación de Israel (8.1-17)
• Recuperación de la dicha en el reino (8.18-23)

Las dos cargas (caps. 9—14)

La primera carga (9—11) tiene que ver con la primera venida y

El Libro de Zacarías

ENFOQUE	Ocho visiones			Cuatro mensajes	Dos cargas	
REFERENCIAS	1.1 1.7 6.9	7.1	9.1	12.1	14.21	
DIVISIÓN	Llamado al arrepentimiento	Ocho visiones	Coronación de Josué	Pregunta sobre el ayuno	Primera carga: rechazo del Mesías	Segunda carga: reinado del Mesías
TEMA	Cuadros			Problema	Predicción	
	Fortuna de Israel			Ayunos de Israel	El futuro de Israel	
LOCALIZACIÓN	Jerusalén					
TIEMPO	Mientras se construye el templo (520-518 a.C.)				Después de la edificación del templo (c. 480-470 a.C.)	

el rechazo del rey venidero de Israel. Alejandro Magno conquistará a los vecinos de Israel, pero perdonará a Jerusalén (9.1-8) que será preservada para su Rey (el Mesías, 9.9,10). Israel tendrá éxito contra Grecia (la rebelión de los Macabeos; 9.11-17), y aunque luego serán dispersados, el Mesías los bendecirá y los traerá de regreso (10.1—11.3). Israel rechazará a su Rey Pastor y se dejará extraviar por falsos pastores (11.4-17).

La segunda carga trata con la segunda venida de Cristo y la aceptación del Rey de Israel. Las naciones atacarán a Jerusalén, pero el Mesías vendrá y libertará a su gente (12). Serán limpiados de impurezas y de falsedad (13), y el Mesías vendrá con poder a juzgar a las naciones y a reinar desde Jerusalén sobre toda la tierra (14).

Bosquejo de Zacarías

Libro de Malaquías

◆

CLAVES DE MALAQUÍAS

Palabra clave: *Llamado a los apóstatas*

El diálogo divino en la profecía de Malaquías está diseñado como un llamado a romper la barrera de la incredulidad, el desengaño y el desaliento de Israel. Dios muestra su amor continuo a pesar del letargo de Israel. Su llamado en este oráculo es para que el pueblo y los sacerdotes se detengan y comprendan que la falta de bendiciones no ha sido provocada por la falta de preocupación de Dios, sino por su desobediencia a la ley del pacto.

Versículos claves: *Malaquías 2.17—3.1; 4.5,6*

Capítulo clave: *Malaquías 3*

El último libro del Antiguo Testamento concluye con una dramática profecía de la venida del Mesías y de Juan el Bautista: «Yo envío mi mensajero, el cual preparará el camino delante de mí» (3.1).

◆

Autor y fecha

Aunque nada se sabe de este personaje, el peso de la tradición supone que el libro fue escrito por un profeta llamado Malaquías, unos 1000 años después de la época de Moisés, el primer profeta y escritor bíblico. La profecía puede fecharse específicamente en los alrededores de 450 a.C.

Ubicación histórica

Malaquías fue dirigido a la nación de Israel unos 100 años después del retorno del cautiverio babilónico. Al principio la gente se había entusiasmado con la idea de reedificar Jerusalén y el templo y restaurar el sistema de culto, pero su celo pronto comenzó a desvanecerse. Comenzaron a cuestionar la providencia de Dios a medida que su fe degeneraba en cinismo.

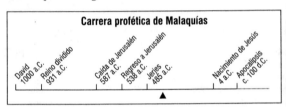

Carrera profética de Malaquías

David 1000 a.C. — Reino dividido 931 a.C. — Caída de Jerusalén 587 a.C. — Regreso a Jerusalén 538 a.C. — Jerjes 485 a.C. — Nacimiento de Jesús 4 a.C. — Apocalipsis c. 100 d.C.

Contribución teológica

La profecía de Malaquías es notable por su vívida descripción del amor, fuerza y poder de Dios. Israel necesitaba que se le recordaran estas verdades en un tiempo en el que una duda generalizada había echado por tierra la esperanza de un Mesías.

Consideración especial

Malaquías nos deja con el sentimiento de que la historia no ha acabado aún, que Dios todavía tiene promesas por cumplir en favor de su pueblo. Después de Malaquías vienen 400 largos años de silencio. Pero cuando vino el cumplimiento del tiempo, el cielo rompió cantos ante la venida del Mesías.

El Libro de Malaquías

ENFOQUE	Privilegio de la nación	Contaminación de la nación		Promesa a la nación	
REFERENCIAS	1.1 ··········	·········1.6··········	·········2.10··········	·········3.16··········	·········4.1·········· ·········4.4·········· ·········4.6
DIVISIÓN	El amor de Dios por la nación	El pecado de los sacerdotes	Pecado del pueblo	El libro de memoria	La venida de Cristo / Venida de Elías
TEMA	Pasado	Presente		Futuro	
	Cuidado de Dios	Queja de Dios		Venida de Dios	
LOCALIZACIÓN	Jerusalén				
TIEMPO	c. 450 a.C.				

Síntesis de Malaquías

El privilegio de la nación (1.1-5)

Los israelitas se cegaron al amor de Dios por ellos. Sumidos en los problemas del presente, olvidaron las obras pasadas de Dios en su favor. Dios les da un recordatorio de su amor especial haciendo un contraste entre los destinos de Esaú (Edom) y Jacob (Israel).

Contaminación de la nación (1.6—3.15)

Los sacerdotes perdieron todo respeto por el nombre de Dios y en su codicia ofrecen solo animales enfermos e imperfectos sobre el altar. El pueblo es acusado por su deslealtad al divorciarse de las esposas de su juventud para casarse con extranjeras (2.10-16). En respuesta a su cuestionamiento de la justicia de Dios, reciben una promesa de la venida del Mesías, pero también una advertencia del juicio que traerá consigo (2.17—3.6). El pueblo ha robado a Dios los diezmos y las ofrendas que le corresponden, pero Dios está dispuesto a bendecirlos con abundancia si lo ponen a Él primero (3.7-12). El problema final es el desafío arrogante al carácter de Dios (3.13-15).

Promesa a la nación (3.16—4.6)

El Señor asegura a su pueblo que viene un tiempo cuando los malos serán juzgados y los que le temen serán bendecidos, pero la profecía termina con la amarga palabra *maldición*. Aunque el pueblo finalmente se cura de la idolatría, hay poco progreso espiritual en la historia de Israel. El pecado abunda y la necesidad por un Mesías futuro es mayor que nunca antes.

Bosquejo de Malaquías

ESCRITO unos 400 años después de cerrado el Antiguo Testamento, el Nuevo Testamento completa la historia cósmica del plan de Dios para traer la salvación a la tierra. La palabra testamento es mejor traducirla «pacto». El Nuevo Testamento encarna el nuevo pacto del cual Jesús es el mediador (Jer 31.31-34; Heb 9.15). Este nuevo pacto fue sellado con la muerte expiatoria de Jesucristo.

El Nuevo Testamento se inicia con cinco libros narrativos: Los cuatro Evangelios y los Hechos de los Apóstoles. Los Evangelios tratan del ministerio, muerte y resurrección de Jesús. El libro de los Hechos continúa la historia del desarrollo de la iglesia primitiva a lo largo de los siguientes treinta años.

Veintiuna cartas o epístolas vienen a continuación de los relatos históricos. El último libro del Nuevo Testamento, el Apocalip-

Cuándo ocurrieron los acontecimientos del Nuevo Testamento

Esdras 500 a.C. — Dominio persa 539-352 a.C. — Ptolomeos 332-198 — Seléucidas 198-164 — Rebelión-Macabeos — Herodes el Grande — Nacimiento de Jesús 4 a.C. — Crucifixión/Pentecostés 30 d.C. — Apocalipsis c. 100 d.C.

(sin incluir profecías sin cumplir cuando se escribieron estos libros)

sis de Juan, describe por medio de visiones y lenguaje simbólico el cumplimiento del propósito de Dios en el mundo y el triunfo final de Cristo.

Los veintisiete libros del Nuevo Testamento fueron escritos en griego, lenguaje internacional de la época, a través de un período de unos cincuenta años.

SEIS

LOS EVANGELIOS

◆

LAs iglesia primitiva puso los Evangelios de Mateo, Marcos, Lucas y Juan al principio del Nuevo Testamento como telón de fondo teológico para el resto del Nuevo Testamento. Estos cuatro relatos proveen un cuadro compuesto de la persona y obra del Salvador, y en conjunto dan profundidad y claridad a nuestro entendimiento del personaje más singular en la historia humana. En ellos Él se ve como divino y humano, el siervo soberano, el Dios hombre.

Cuándo ocurrieron los acontecimientos de los Evangelios

	LOS EVANGELIOS	
LIBRO	**RESUMEN**	
Mateo	Cristo se presenta como el Maestro que es mayor que Moisés	
Marcos	Probablemente el primero de los Evangelios, con el enfoque de Jesús como el Siervo Sufriente	

| Lucas | La biografía más completa de Cristo, con el enfoque de Jesús como la piedra angular de la historia de la salvación |
| Juan | El Evangelio más simbólico, que presenta a Jesús como el divino Hijo de Dios que vino a la tierra en forma humana. |

El libro de Mateo

◆

CLAVES DE MATEO

Palabra clave: *Jesús el Rey*

Al citar repetidas veces el Antiguo Testamento, Mateo valida la afirmación de Cristo en el sentido de ser el Mesías prometido (el Ungido) de Israel.

Versículos claves: *Mateo 16.16-19 y 28.18-20*

Capítulo clave: *Mateo 12*

El momento decisivo en Mateo ocurre en el capítulo doce, cuando los fariseos, en su papel de líderes de Israel, rechazan formalmente a Jesucristo como el Mesías. El ministerio de Cristo cambia de inmediato con su nuevo método de enseñanza por medio de parábolas, dando atención creciente a sus discípulos y sus afirmaciones reiteradas a su muerte ahora son más claras.

◆

Autor y fecha

Mateo es un Evangelio anónimo, y algunos sugieren que el autor real fue un judío palestino que usó el Evangelio de Marcos y una traducción al griego de los «oráculos» arameos de Mateo y compuso el Evangelio en griego. En ese caso, el nombre del Evangelio viene del apóstol Mateo, en quien se apoya el autor para componer su obra. Sin embargo, eruditos conservadores afirman que el mismo apóstol lo escribió.

Contribución teológica

El tema principal de Mateo es el «Reino de los cielos» o «Reino de Dios». Este reino se menciona 51 veces en el Evangelio de Mateo, el doble que en cualquier otro Evangelio. En Jesús el Reino ya está aquí (12.28), pero aun no se ha consumado (13.43; 25.34). El Reino no se puede ganar (19.23); lo pueden recibir solo quienes reconocen que no lo merecen (5.3; 21.31). El Reino se extiende como una red de pescar, y recoge personas de cada parte de la sociedad (13.47), y ofrece nueva vida en la presencia transformadora de Dios (8.11). El Reino es más valioso que una perla de gran precio (13.45-46), y excluye a cada uno y a todos los que compiten en lo que respecta a lealtad (6.33).

El Reino de Dios significa la soberanía de Dios en todo el universo, el mundo y en nuestros corazones. La señal fundamental de la presencia del Reino en el mundo es la transformación de la vida, individual y socialmente.

Consideraciones especiales

El Evangelio de Mateo tiene por lo menos cinco consideraciones especiales que se mencionan brevemente a continuación:

- Mateo trata de probar a los judíos que Jesús era el Cristo, el cumplimiento de la profecía del Antiguo Testamento. Una oración recurrente en este Evangelio es «todo esto aconteció para que se cumpliese lo dicho por el Señor por medio del profeta» (1.22; además, 2.15, 17,23).
- Mateo tiene un interés especial en la Iglesia, que hacia el tiempo en que se escribió Mateo se había convertido en el factor dominante en la vida de los cristianos. En efecto,

Mateo es el único Evangelio que menciona la palabra Iglesia (16.18; 18.17).

- Mateo tiene el interés más fuerte en la escatología (doctrina de las últimas cosas), esto es, en la Segunda Venida de Jesús, el fin del siglo y el juicio final (cap. 25).
- Mateo tiene gran interés en las enseñanzas de Jesús, especialmente acerca del Reino de Dios (caps. 5—7; 10; 13; 18; 24—25).
- Mateo escribe para mostrar que Jesús es el rey a quien Dios ha otorgado el poder y la autoridad para redimir y juzgar a la humanidad (1.1-17; 2.2; 21.1-11; 27.11, 37; 28.18).

Síntesis de Mateo

Presentación del Rey (1.1—4.11)

La promesa de Abraham fue «en ti serán benditas todas las familias de la tierra» (Gn 12.3). Jesucristo, el Salvador del mundo, es «hijo de Abraham» (1.1). Sin embargo, también es «hijo de David»; y como descendiente directo de David, se le califica como Rey de Israel.

Los magos saben que ha nacido «el Rey de los judíos» (2.2) y vienen a adorarlo. Juan el Bautista, precursor mesiánico que rompe cuatrocientos años de silencio profético, también da testimonio de Él (cf. Mal 3.1). Se prueba el carácter sin pecado del Rey cuando vence las tentaciones satánicas que le instan a desobedecer la voluntad del Padre.

Proclamación del Rey (4.12—7.29)

En esta sección, Mateo usa un ordenamiento temático más que uno cronológico de su material a fin de desarrollar un patrón fundamental del ministerio de Cristo. Las palabras del Señor en el Sermón del Monte presentan nuevas leyes y normas para el pueblo de Dios (caps. 5—7).

Poder del Rey (8.1—11.1)

Las obras del Señor se presentan en una serie de diez milagros (caps. 8—9) que revelan su autoridad sobre todas las esferas (enfermedad, demonios, muerte y naturaleza). Así las obras del Señor apoyan sus palabras; sus afirmaciones las verifican sus credenciales.

Rechazo progresivo del Rey (11.2—16.12)

Aquí se destaca una serie de reacciones ante las palabras y obras de Cristo. Debido a la oposición creciente, Jesús comienza a dedicar, en proporción, más tiempo a sus discípulos mientras los prepara para su próxima muerte y partida.

Preparación de los discípulos del Rey (16.13—20.28)

En una serie de discursos, Jesús comunica la importancia de aceptar o rechazar su oferta de justicia. Sus enseñanzas en 16.13—21.11 están dirigidas principalmente a quienes le reciben.

Presentación y rechazo del Rey (20.29—27.66)

La mayoría de las palabras de Cristo en esta sección están dirigidas a quienes rechazan a su Rey. El Señor predice el terrible juicio que caerá sobre Jerusalén, y que dará como resultado la dispersión del pueblo judío. Mirando más allá de estos acontecimientos (cumplidos el año 70 a.C.), describe además su Segunda Venida en calidad de Juez y Señor de la tierra.

Prueba del Rey (28)

Sus palabras y hechos cobran autenticidad con la tumba vacía, la resurrección y apariciones, todas las cuales prueban que Jesucristo es verdaderamente el Mesías profetizado, el Hijo mismo de Dios.

El ministerio final de Jesús en Judea (a partir del cap. 19) alcanza su clímax en la cruz, cuando el Rey voluntariamente pone su vida para redimir a los pecadores. Jesús soporta el terrible odio en su

El Evangelio según Mateo

ENFOQUE	La oferta del Rey			Rechazo del Rey			
REFERENCIAS	1.1 ·······4.12 ·······	8.1 ·······	11.2 ·······	16.13 ·······	20.29 ·······	28.1 ·······28.20	
DIVISIÓN	Presentación del Rey	Proclamación del Rey	Poder del Rey	Rechazo progresivo del Rey	Preparación de los discípulos del Rey	Presentación y rechazo del Rey	Prueba del Rey
TEMA	Enseñanza a las multitudes			Enseñanza a los Doce			
	Cronológico	Temático		Cronológico			
LOCALIZACIÓN	Belén y Jerusalén	Galilea		Judea			
TIEMPO	c. 4 a.C. - 30 ó 33 d.C.						

gran demostración de amor divino (cf. Ro 5.7,8). Su sacrificio perfecto es aceptable, y este Evangelio concluye con su gloriosa resurrección.

Bosquejo de Mateo

CLAVES DE MARCOS

Palabra clave: *Jesús el Siervo*

El tema de Marcos queda bien presentado en 10.45 porque Jesús se describe en el libro como un siervo y como el Redentor de los hombres (cf. Flp 2.5-11). Marcos muestra a sus lectores gentiles cómo el Hijo de Dios, rechazado por su propio pueblo, logró la victoria final tras una aparente derrota.

Versículos claves: *Marcos 10.43-45 y 8.34-37*

Capítulo clave: *Marcos 8*

Marcos 8 es un capítulo fundamental que muestra el cambio de énfasis en el ministerio de Jesús después de la confesión de Pedro: «Tú eres el Cristo». Después de este punto Jesús comienza a preparar a sus discípulos y a fortalecerlos para su sufrimiento y muerte venidera.

El Evangelio de Marcos

Autor y fecha

El Evangelio de Marcos no menciona el nombre de su autor. La tradición en forma unánime atribuye este Evangelio a Juan Marcos, de Jerusalén (Hch 12.12), asociado más tarde con Pedro (1 P 5.13) y Pablo (2 Ti 4.11). Si Marcos compuso su Evangelio mientras estaba al servicio de Pedro, y Pedro murió en Roma entre los años 64 y 68 d.C., el Evangelio pudo haberse escrito en Italia durante la década del 60.

Contribución teológica

Uno de los objetivos claves de Marcos es presentar a Jesús como el Hijo de Dios. En puntos decisivos de su historia revela el misterio de la persona de Cristo. En el bautismo (1.11) y en la transfiguración (9.7), el Padre desde los cielos llama a Jesús «hijo amado», indicando de esa manera que Jesús mantiene con el Padre una relación única. También los demonios reconocen a Jesús como Hijo de Dios (1.24; 3.11; 5.7), testificando que Jesús está equipado con la autoridad y el poder de Dios.

Sin embargo, Jesús es poderoso según el modelo del Siervo sufriente de Isaías. Debe ser obediente a la voluntad del Padre, aun hasta morir en la cruz. Es humano, porque aparece triste (14.34), disgustado (8.12), indignado (10.14), enojado (11.15-17), asombrado (6.6) y fatigado (4.38).

Para Marcos, la fe y el discipulado no tienen sentido si no se sigue al sufriente Hijo de Dios. La fe no es algo mágico que obra independientemente de la participación del creyente (6.1-6); más bien lleva al creyente a una íntima unión con Jesús como Señor (9.14-29). Como el Hijo del Hombre sirve en humillación, así también deben servir sus discípulos (10.42-45). El discipulado con Cristo lleva a la negación de sí mismo y al sufrimiento. Sin embargo, esto no es una cuestión de un deseo religioso de sufrir; más

El Evangelio según Marcos

ENFOQUE	A servir		A sacrificarse	
REFERENCIAS	1.1 ·········· 2.13 ·········· 8.27		·········· 11.1 ··········	16.1 ·········· 16.20
DIVISIÓN	Presentación del Siervo	Oposición al Siervo	Enseñanzas del Siervo	Rechazo del Siervo	Resurrección del Siervo
TEMA	Dichos y señales		Sufrimientos	
	c. 3 años	c. 6 meses	8 días	
LOCALIZACIÓN	Galilea y Perea		Judea y Jerusalén	
TIEMPO	c. 29-30 ó 33 d.C.			

bien cuando uno pierde su vida, la encuentra en Cristo (8.35).

Consideraciones especiales

El final del Evangelio de Marcos plantea un problema. Los dos manuscritos más antiguos que conocemos del Nuevo Testamento griego (*Sinaíticus* y *Vaticanus*) terminan con las palabras «tenían miedo» (16.8). Otros manuscritos contienen todo o en parte, el material que forma los versículos 9-20. Algunos eruditos opinan que este final largo es diferente de Marcos 1.1—16.8 en estilo y contenido; contiene material presentado exactamente en la misma forma en Mateo y Lucas. Se ha debatido largamente si Marcos tenía la intención de terminar su Evangelio en 16.8, o si el final original se perdió y se le agregó una terminación secundaria (vv. 9-20).

Parece improbable que habiendo comenzado el Evangelio con una atrevida introducción (1.10), Marcos terminara con una nota de miedo (16.8). También parece lógico que quien diseñó un evangelio según las normas de la predicación cristiana primitiva no omitiera un tema tan fundamental como la resurrección (1 Co 15.3-26). Por esto algunos sugieren que el final corto de Marcos (16.8) no es el final original, y que los versículos 9-20 fueron agregados posteriormente para compensar la omisión.

Síntesis de Marcos

A servir (caps. 1—10)

Marcos pasa por alto el nacimiento y los primeros años de Jesús y comienza con acontecimientos que preceden inmediatamente la iniciación de su ministerio público, su bautismo por Juan y la tentación por Satanás (1.1-13). Los primeros cuatro capítulos enfatizan las palabras del Siervo, mientras los capítulos 5—7 acentúan sus obras. Sin embargo, en ambas secciones hay una alternación frecuente entre el mensaje de Cristo y sus milagros para revelar su persona y su poder. Aunque ha venido para servir a los demás, la autoridad de Jesús prevalece sobre muchas esferas.

Aun cuando Jesús ya ha estado enseñando y probando a sus discípulos (véase cap. 4), su ministerio con ellos se intensifica a partir de este punto cuando comienza a prepararlos para su partida. Los líderes religiosos se oponen con mayor fuerza y la «hora» de Cristo está solo a unos seis meses de distancia, Marcos 8.31 es el punto crucial en el Evangelio, cuando el Hijo del hombre habla claramente a sus discípulos sobre su muerte y resurrección que se aproximan.

A sacrificarse (caps. 11—16)

Marcos asigna un espacio desproporcionado a las últimas semanas del ministerio redentor del Siervo. Durante los últimos siete días en Jerusalén alcanza una proporción de crisis la hostilidad de los principales sacerdotes, escribas, ancianos, fariseos, herodianos y saduceos cuando Jesús refuta públicamente sus argumentos en el templo. Después de su última pascua con los discípulos, Jesús no ofrece resistencia a su arresto, a las torturas ni a los sufrimientos de la crucifixión. Su disposición de cargar expiatoriamente con incontables pecados humanos es la personificación de su calidad de siervo.

Bosquejo de Marcos

El Evangelio de Lucas

Autor y fecha

El autor no se identifica por nombre, pero nos dice bastante acerca de sí. Es un hombre educado, con el mejor dominio del griego en el Nuevo Testamento que cualquier otro escritor. Cuenta entre sus conocidos a una persona de alta posición social, el «excelentísimo Teófilo». A quien se dirige en Lucas (1.3) y Hechos (1.1). Como gentil, el autor está interesado en los gentiles; igualmente no le interesan las cuestiones netamente judías. La tradición posterior identifica al autor como Lucas, el compañero de Pablo. El Evangelio de Lucas probablemente haya sido escrito muy poco después del año 70 d.C.

◆

CLAVES DE LUCAS

Palabra clave: *Jesús el Hijo del Hombre*

Lucas describe a Cristo en su plena humanidad dedicando más de sus escritos a los sentimientos y la humanidad de Cristo que los demás Evangelios.

Versículos claves: *Lucas 1.3, 4 y 19.10*

Capítulo clave: *Lucas 15*

El punto crucial de este Evangelio lo captan tres parábolas: Que Dios en Cristo ha venido a buscar y a salvar lo que se había perdido.

◆

Contribución teológica

Lucas, el Evangelio con la perspectiva más universal de todos, describe a Jesús como un hombre con compasión por todas las personas. Además, Lucas es el Evangelio con más preocupación social. Jesús bendice a los pobres, a los que padecen hambre, a los que lloran y a los desechados (6.20-23). En sus parábolas se va del lado del mendigo que se sienta a la puerta del rico (16.19-31) y elogia a un publicano que se aleja del templo debido a su pecaminosidad (18.9-14). Jesús ayuda a una madre viuda que ha perdido a su único hijo (7.11-17) y a una mujer pecadora (7.36-50). En otra parábola el héroe misericordioso es un despreciado samaritano (10.25-37); y después de una sanidad, elogia a un samaritano por su gratitud (17.11-19). Los brazos abiertos del Padre, como en la parábola del hijo pródigo (15.11-32), esperan a todo el que se vuelve a Él.

Consideración especial

Para Lucas la venida de Cristo es buena noticia; su Evangelio es

de gozo. Los nacimientos de Juan y Jesús reciben el eco de cancio-
nes de alabanza de María (1.46-55), Zacarías (1.67-79), los ángeles
(2.14) y Simeón (2.29-32). Hasta el no nacido salta de gozo (1.44).
La nota de gozo que suena en el anuncio de Gabriel (1.32-33) es
repetida finalmente por los apóstoles al final del Evangelio
(24.52-53).

Además, Lucas es el Evangelio del Espíritu Santo. A diferencia
de otros evangelistas, Lucas enfatiza la actividad del Espíritu en el
ministerio de Jesús. Juan el Bautista y sus padres están llenos del
Espíritu (1.15,41,67), al igual que Simeón (2.25-35). Jesús comienza su ministerio «en el poder del Espíritu» (4.14; además, 4.1, 18;
10.21), y promete el Espíritu a sus discípulos en su hora de necesidad (12.12).

Finalmente, Lucas es un Evangelio de oración. La multitud ora
mientras Zacarías ministra en el altar (1.10). María ora ante las
nuevas de salvación (1.46-55). Jesús ora en su bautismo (3.21),
cuando elige sus discípulos (6.12), en la confesión de Pedro (9.18),
y en su transfiguración (9.29). En la soledad de la oración Jesús da
los primeros pasos en su ministerio (5.16), cae de rodillas en el
monte de los Olivos (22.39-46) y encomienda su espíritu a Dios.

Síntesis de Lucas

Introducción del Hijo del hombre (1.1—4.13)

Lucas pone gran énfasis en la genealogía, el nacimiento y los
primeros años del Hombre Perfecto y de su precursor, Juan el
Bautista. Las historias de su infancia se entretejen cuando Lucas
narra el anuncio de sus nacimientos, los advenimientos y las pre-
sentaciones en el templo. Jesús se prepara por más de treinta años
(resumido en un versículo, 2.52) para un ministerio público de
solo tres años. La genealogía del Hijo del Hombre en forma inver-
tida se remonta hasta el primer hombre, Adán, y su ministerio comienza después del bautismo y su tentación.

El Evangelio según Lucas

ENFOQUE	Introducción del Hijo del Hombre	Ministerio del Hijo del Hombre	Rechazo del Hijo del Hombre	Crucifixión y resurrección del Hijo del Hombre
REFERENCIAS	1.1 ··········	········4.14 ··········	········9.51 ··········	········19.28 ··········24.53
DIVISIÓN	Advenimiento	Actividades	Antagonismo y amonestación	Aplicación y autenticación
TEMA	En busca de los perdidos		Salvación de los perdidos	
	Prominencia de los milagros		Prominencia de la enseñanza	
LOCALIZACIÓN	Israel	Galilea	Israel	Jerusalén
TIEMPO	c. 4 a.C. - 30 ó 33 d.C.			

Ministerio del Hijo del Hombre (4.14—9.50)

En 4.14—6.49 se demuestra la autoridad del Hijo del hombre sobre toda esfera. En esta sección se presenta su autoridad sobre los demonios, la enfermedad, la naturaleza, los efectos del pecado, la tradición y todas las personas, como preludio a su ministerio variado de predicación, sanidades y discipulado (7.1—9.50).

Rechazo al Hijo del Hombre (9.51—19.27)

La respuesta doble de fe creciente y rechazo progresivo ya ha comenzado a presentarse en el Evangelio (cf. 4.14 y 6.11), pero de aquí en adelante crece la intensidad de la oposición al ministerio del Hijo del Hombre. Cuando los líderes religiosos lo acusan de estar endemoniado, Jesús pronuncia contra ellos una serie de ayes (11).

Consciente de estar en su último viaje a Jerusalén, Jesús instruye a sus discípulos sobre una serie de asuntos prácticos entre los que se cuentan la oración, la codicia, la fidelidad, el arrepentimiento, la humildad, el discipulado, la evangelización, el dinero, el perdón, el servicio, la gratitud, la Segunda Venida y la salvación (12.1—19.27).

Crucifixión y resurrección del Hijo del Hombre (19.28—24.53)

Después de su entrada triunfal en Jerusalén, Jesús se encuentra con la oposición de los sacerdotes, los saduceos y los escribas, y anuncia la destrucción de Jerusalén (19.28—21.38). El Hijo del Hombre instruye a sus discípulos por última vez antes de la traición en Getsemaní. Los tres juicios religiosos y los tres civiles culminan en su crucifixión.

La gloria y fundamento del mensaje cristiano es la resurrección histórica de Jesucristo. El Señor vence la tumba como lo prometió, y aparece en diversas ocasiones a sus discípulos antes de su ascensión al Padre.

Bosquejo del Evangelio según Lucas

Cuarta parte: Crucifixión y resurrección del Hijo del Hombre
(19.28—24.53)

◆

CLAVES DE JUAN

Palabra clave: *Creer*

En la Biblia, el cuarto Evangelio es el que expresa con mayor claridad su propósito: «Pero éstas se han escrito para que creáis que Jesús es el Cristo, el Hijo de Dios, y para que creyendo, tengáis vida en su nombre» (20.31). Juan selecciona las señales que usó con el propósito específico de crear convicción intelectual («para que creáis») y espiritual («para que creyendo, tengáis vida») acerca del Hijo de Dios.

Versículos claves: *Juan 1.11-13 y Juan 20.30,31*

Capítulo clave: *Juan 3*

Juan 3.16 es sin lugar a dudas el versículo más citado y sobre el que más se ha predicado en toda las Escrituras. Este versículo captura el Evangelio en su forma más clara y sencilla: La salvación es un don de Dios y se obtiene solo por la fe.

◆

El Evangelio de Juan

Autor y fecha

Al igual que los demás Evangelios, Juan nos llega como un libro anónimo. La tradición está de acuerdo en que su autor fue el apóstol Juan, quien estuvo exiliado en la isla de Patmos en el Mar Egeo y después murió en Éfeso poco después que Trajano asumiera la posición de emperador de Roma en el año 98 d.C. Esto coloca su fecha en las proximidades del fin del primer siglo.

Contribución teológica

Juan escribe con un modesto vocabulario, pero sus palabras están cargadas de simbolismo. Palabras como *creer, amor, verdad, mundo, luz* y *tinieblas, arriba* y *abajo, nombre testimonio, pecado, juicio, vida (eterna), gloria, pan, agua* y *hora* son claves en este Evangelio. En Juan 3.16-21, pasaje de menos de 150 palabras en griego, aparecen siete de esas palabras.

El mundo es donde Dios revela la verdad (8.32), la luz (8.12) y la vida (14.6) en su Hijo Jesucristo. El mundo es también donde la persona decide en pro o en contra del testimonio de Cristo, y la decisión es un juicio (3.18). El pecado es juzgar mal a Cristo, dejar de recibirle como el pan de vida (6.35), o no caminar en Él como la luz del mundo (8.12). El Hijo ha venido de arriba para glorificar al Padre (17.1), y lo hace así en su «hora» (12.23; 13.1), por medio de sus sufrimientos en la cruz.

En los Evangelios sinópticos —Mateo, Marcos y Lucas— Jesús presenta dichos breves. Los discursos más largos, como el Sermón del Monte (Mt. 5—7), son colecciones de dichos sobre temas diversos, o, como Mateo 13, mayormente parábolas.

Por otra parte, Juan no registra parábolas ni muchos dichos breves tan comunes en los sinópticos. Más bien elabora en torno a un incidente, por ejemplo, Nicodemo (cap. 3); o toma una imagen, por ejemplo, la luz (cap. 8). Estos discursos están tan bien mezclados con el estilo propio de Juan que frecuentemente el lector no puede decidir si es Jesús o Juan quien habla (Jn 3.16).

El Evangelio de Juan expresa el carácter único de la relación del Hijo con el Padre. Juan comienza con la preexistencia de Jesús «en el principio era el Verbo» (1.1). Jesús es divino («el Verbo era Dios», 1.1), pero además es humano («el Verbo fue hecho carne», 1.14).

También presenta a Jesús por medio de siete títulos claves: Verbo, Cordero de Dios, Rabí, Mesías, Rey de Israel, Hijo de Dios e Hijo del hombre. Solo en Juan hallamos las frases «Yo soy»: «Yo soy el Pan de vida» (6.35), «Yo soy la luz del mundo» 8.12, «antes que Abraham fuese, Yo soy» (8.58), «Yo soy la puerta de las ovejas» (10.7), «Yo soy el Buen Pastor» (10.11), «Yo y el Padre uno somos» (10.30), «Yo soy el camino, la verdad y la vida» (14.6), y «Yo soy la vid» (15.5). En cada una de estas frases el «Yo» identifica a Jesús con el nombre de Dios «YO SOY» (Éx 3.14).

Consideración especial

El Evangelio de Juan que conocemos hoy día contiene una historia que quizás no fue escrita por el autor original. Algunos eruditos piensan que el relato de la mujer sorprendida en adulterio (7.53—8.11) difiere marcadamente en estilo del resto de Juan. No se encuentra en los manuscritos más antiguos que se conocen, pero no hay razón para dudar que describe un suceso real en el ministerio de Jesús.

Síntesis de Juan

La encarnación del Hijo de Dios (1.1-18)

Este prólogo indica la naturaleza de Jesús, presenta a su precursor, clarifica su misión y toma nota del rechazo y la aceptación que hallará durante su ministerio.

Presentación del Hijo de Dios (1.19—4.54)

En esta sección Cristo está bajo la cuidadosa consideración y escrutinios de Israel. Se presenta por medio de Juan el Bautista que hace que sus propios discípulos sigan a Jesús. Juan selecciona cuidadosamente siete milagros de los muchos que Cristo hizo (cf. 21.25) para construir un argumento conciso en favor de su divinidad, porque simbolizan que los cambios en la vida resultan debido a la fe en Jesús.

Oposición al Hijo de Dios (5.1—12.50)

En estos capítulos el patrón poco usual de Juan es narrar las reacciones de fe o incredulidad después de un milagro antes de pasar al siguiente. En una serie de confrontaciones crecientes, Juan describe la intensa oposición que culminará con el rechazo final del Señor en la cruz. Aun cuando muchas personas le reciben, lo

El Evangelio según Juan

ENFOQUE	La encarnación del Hijo de Dios	Presentación del Hijo de Dios	Oposición al Hijo de Dios	Preparación de los discípulos	Crucifixión y resurrección del Hijo de Dios
REFERENCIAS	1.1 ·········	·········	5.1 ·········	13.1 ·········	18.1 ·········21.25
DIVISIÓN	Introducción a Cristo	Revelación de Cristo	Rechazo de Cristo	Revelación de Cristo	Rechazo de Cristo
TEMA		Siete milagros		Discurso del aposento alto	El milagro supremo
		Para que creáis		Para que tengáis vida	
LOCALIZACIÓN			Israel		
TIEMPO		Unos pocos años		Unas pocas horas	Unas pocas semanas

nevitable de la crucifixión se prefigura en diversos lugares 2.4,21,22; 7.6,39; 11.51,52; 12.16).

Preparación de discípulos por el Hijo de Dios (13.1—17.26)

Juan sintetiza la encarnación y el ministerio público de Jesús en doce capítulos, pero cambia radicalmente el paso en los cinco capítulos siguientes para dar un relato detallado de unas pocas horas cruciales. En su claro y vívido recuerdo del último discurso a sus discípulos íntimos, Juan capta las palabras de consuelo y seguridad a un grupo de seguidores temerosos y confundidos.

Jesús sabe que en menos de veinticuatro horas estará en la cruz. En consecuencia, sus últimas palabras hablan de todos los recursos disponibles a sus discípulos después de su partida. Serán morada y recibirán el poder del Dios trino. El discurso del aposento alto contiene el mensaje de las epístolas en forma de cápsula al revelar el patrón de Dios para la vida cristiana.

Crucifixión y resurrección del Hijo de Dios (18.1—21.25)

Después de registrar la oración sacerdotal de Cristo en favor de sus discípulos y de todos los que creen en Él, Juan inmediatamente entra en una dramática descripción del arresto y los juicios de Cristo ante Anás, Caifás y Pilato.

En su crucifixión, Jesús cumple de forma voluntaria las palabras proféticas de Juan el Bautista: «He aquí el Cordero de Dios que quita el pecado del mundo» (1.29). Juan cierra el Evangelio con un relato particularmente detallado de las apariciones de Cristo después de la resurrección. La resurrección es la última señal que apunta a Jesús como el Hijo de Dios.

Bosquejo del Evangelio de Juan

Primera parte: La encarnación del Hijo de Dios (1.1-18)

I. Deidad de Cristo   1.1,2

SIETE

HECHOS: HISTORIA DE LA IGLESIA PRIMITIVA

◆

El Libro de los Hechos

HECHOS es el vínculo histórico entre los Evangelios y las Epístolas. Es el único libro que cuenta la historia desde la ascensión de Cristo hasta el período de las Epístolas. En una generación la iglesia hace la transición de una membresía predominantemente judía a una predominantemente gentil.

HISTORIA DE LA IGLESIA PRIMITIVA

LIBRO	RESUMEN
Hechos	Historia de la expansión de la iglesia primitiva

Cuándo ocurrieron los acontecimientos de Hechos

Nacimiento de Jesús
4 a.C.

Ascensión de Jesús
Pentecostés
30 d.C.

Pablo preso
en Roma
62 d.C.

Apocalipsis
c. 100 d.C.

◆

CLAVES DE HECHOS

Palabra clave: *Poder para testificar*

Debido al fuerte énfasis de Lucas sobre el ministerio del Espíritu Santo, este libro podría considerarse como: «Los Hechos del Espíritu de Cristo obrando en y a través de los apóstoles».

Versículos claves: *Hechos 1.8 y 2.42-47*

Capítulo clave: *Hechos 2*

El capítulo 2 narra los acontecimientos transformadores del día de Pentecostés, cuando viene el Espíritu Santo, y cumple el mandato de Cristo de esperar hasta que llegue el Espíritu Santo para darles poder y guiar su testimonio. El Espíritu transforma a un pequeño grupo de hombres temerosos en una iglesia floreciente y mundial que está siempre avanzando y cumpliendo la Gran Comisión.

◆

Autor y fecha

Hay pocas dudas que el libro de los Hechos y el Evangelio de Lucas vienen del mismo autor. Ambos dedicados al mismo individuo, Teófilo, las similitudes entre Lucas y Hechos en estilo literario, vocabulario e ideas teológicas son inconfundibles. Si el Evangelio fue escrito a principios de la década del 70, Hechos pudo haber sido compuesto poco después. Otros estudiosos fechan Hechos más temprano, el año 62 d.C. debido que termina abruptamente con el encarcelamiento de Pablo en Roma.

Contribución teológica

Los Hechos de los Apóstoles bien podría llevar como título «Los Hechos del Espíritu Santo», porque el libro menciona al

Espíritu unas sesenta veces. En sus palabras iniciales, Jesús recuerda a los discípulos la promesa del Padre (1.4-8); diez días después desciende el poder del Espíritu en el día de Pentecostés (2.1-4). Es lo opuesto a la Torre de Babel, donde se confundieron las lenguas y las naciones se separaron por no entenderse (Gn 11.1-9).

Consideración especial

Casi una quinta parte de Hechos está formado por discursos, principalmente de Pedro, Esteban y Pablo. Todos los discursos tienen en común el marco básico de la proclamación del Evangelio.

1. Ahora se cumplen las promesas de Dios en el Antiguo Testamento.
2. El Mesías ha venido en Jesús de Nazaret, que hizo bienes y obras prodigiosas por el poder de Dios, fue crucificado según el propósito de Dios, resucitó de entre los muertos y ahora reina por el poder de Dios, y vendrá otra vez a juzgar y a restaurar todas las cosas conforme al propósito divino.
3. Todos los que oyen deben arrepentirse y ser bautizados.

Síntesis de Hechos

Testigo en Jerusalén (1.1—8.4)

Después de aparecer a sus discípulos durante cuarenta días (1.3), el Señor les dice que esperen en Jerusalén para el cumplimiento de la promesa acerca del Espíritu Santo. Diez días después de su ascensión, esta promesa se cumple de forma significativa cuando los discípulos reciben poder repentinamente y son llenos del Espíritu Santo. Tres mil personas responden con fe salvadora al poderoso sermón de Pedro.

Después de sanar dramáticamente a un hombre que era cojo de nacimiento, Pedro pronuncia un segundo mensaje fundamental al pueblo de Israel, que tiene como resultado miles de respuestas adicionales. Los apóstoles son llevados a prisión y perseguidos a causa de su testimonio. Ananías y Safira son disciplinados fatalmente debido a su deslealtad; siete hombres, entre ellos Esteban y Felipe, son elegidos para ayudar a los apóstoles.

Esteban es llevado ante el sanedrín; en su defensa hace un resumen de las Escrituras para probar que el Hombre a quien condenaron y mataron era el Mesías mismo. Los miembros del sanedrín reaccionan ante las palabras de Esteban y lo arrastran fuera de la ciudad y lo convierten en el primer mártir cristiano.

Testigo en Judea y Samaria (8.5—12.25)

Felipe va a la provincia de Samaria y proclama con éxito el nuevo mensaje a un pueblo odiado por los judíos. Pedro y Juan confirman su obra y ejercen su autoridad apostólica impartiendo el Espíritu Santo a los nuevos miembros del Cuerpo de Cristo. La soberanía de Dios transforma a Saulo, el perseguidor, en Pablo el apóstol a los gentiles, pero Dios usa a Pedro para introducir el evangelio entre los gentiles.

En una visión especial Pedro comprende que Cristo ha roto la barrera entre judíos y gentiles. Después que Cornelio y otros gentiles vienen a Cristo por medio de su predicación, Pedro convence a los creyentes de Jerusalén que «los gentiles también han recibido la Palabra de Dios» (11.1). Aun cuando sufre más y más persecuciones, la iglesia sigue creciendo, extendiéndose a través del Imperio Romano.

Testigo hasta lo último de la tierra (13—28)

A partir del capítulo 13, Lucas cambia el enfoque de Pedro a Pablo. Antioquía de Siria reemplaza gradualmente a Jerusalén como sede de la iglesia, y los tres viajes misioneros se originan en esa ciudad. El primer viaje (48-49 d.C.) se concentra en las ciudades gálatas de Antioquía de Pisidia, Iconio, Listra y Derbe.

Después de este viaje, se celebra un concilio entre los apóstoles y ancianos de las iglesias para determinar que los convertidos gentiles no necesitan someterse a la ley de Moisés. El segundo viaje

El Libro de los Hechos

ENFOQUE	Testigo en Jerusalén		Testigo en Judea y Samaria	Testigo hasta lo último de la tierra	
REFERENCIAS	1.1 ·········· 3.1 ··········		8.5 ·········· 13.1 ··········	21.17 ·········· 28.31	
DIVISIÓN	Poder de la Iglesia	Progreso de la Iglesia	Expansión de la Iglesia	Tres viajes de Pablo	Juicios de Pablo
TEMA	Judíos		Samaritanos	Gentiles	
	Pedro		Felipe	Pablo	
LOCALIZACIÓN	Jerusalén		Judea y Samaria	Hasta lo último de la tierra	
TIEMPO	2 o 5 años (30 o 33-35 d.C.)		13 años (35-48 d.C.)	14 años (48-62 d.C.)	

misionero (50-52 d.C.) lleva una vez más a Pablo a las iglesias de
Galacia, y luego, por primera vez pasa a Macedonia y Grecia. Pa-
blo pasa mucho tiempo en las ciudades de Filipos, Tesalónica y
Corinto, y después regresa a Jerusalén y Antioquía.

En el tercer viaje misionero (53-57 d.C.), Pablo pasa casi tres
años en la ciudad de Éfeso en Asia antes de visitar Macedonia y
Grecia por segunda vez. Aunque se le advierte que no vaya a Jerusalén, Pablo no puede ser disuadido.

No pasa mucho tiempo antes que Pablo sea acusado de introducir gentiles en el templo. Solo la intervención del tribuno romano impide que sea muerto por la multitud. La defensa de Pablo
ante el pueblo y delante del sanedrín produce violentas reacciones. Cuando el tribuno sabe de una conspiración para asesinar a
Pablo, envía su prisionero a Félix, el gobernador residente en Cesarea. Durante sus dos años de prisión allí (57-59 d.C.), Pablo defiende la fe cristiana delante de Félix, Festo y Agripa. Su apelación
a César le obliga a un largo viaje a Roma donde se le pone en
arresto domiciliario hasta ser juzgado.

Bosquejo del Libro de los Hechos

Primera parte: Testimonio en Jerusalén (1.1—8.4)

I. El poder de la iglesia   1.1—2.47

   A. Prólogo de Hechos   1.1,2
   B. Apariciones de Cristo resucitado   1.3-8
   C. Ascensión de Cristo   1.9-11
   D. Anuncio del Espíritu   1.12-14
   E. Designación de Matías   1.15-26
   F. Llenos del Espíritu Santo   2.1-4
   G. Hablan en lenguas extranjeras   2.5-13
   H. Pedro explica Pentecostés   2.14-41
   I. Prácticas de la iglesia primitiva   2.42-47

II. El progreso de la iglesia   3.1—8.4

   A. Pedro sana al cojo   3.1-11

OCHO

LAS EPÍSTOLAS (CARTAS) DEL APÓSTOL PABLO

◆

EL uso de la carta como medio de revelación divina fue algo de lo que no se había oído hasta el tiempo de Pablo y sus contemporáneos. Por medio de ellas, y bajo la inspiración del Espíritu Santo, Pablo pudo tratar problemas y temas específicos de su tiempo con perspectivas que son universales y con valor permanente en el tiempo.

EPÍSTOLAS DEL APÓSTOL PABLO	
LIBRO	**RESUMEN**
Romanos	Explicación de la fe cristiana para judíos y gentiles, dirigida a la iglesia romana
1 Corintios	Instrucciones a la iglesia de Corinto
2 Corintios	Defensa y explicación del apostolado de Pablo
Gálatas	Explicación a las iglesias de Galacia sobre la necesidad de la salvación por la gracia divina y no por la ley
Efesios	Carta a la iglesia de Éfeso que explica la posición del creyente en Cristo

Filipenses	Carta de gozo a la iglesia de Filipos, que cuenta la fe inquebrantable de Pablo durante su encarcelamiento
Colosenses	Explicación a la iglesia de Colosas sobre la supremacía de Cristo
1 y 2 Tesalonicenses	Instrucciones a la iglesia de Tesalónica acerca de la venida del Señor
1 y 2 Timoteo	Manuales de liderazgo para el joven pastor en Éfeso
Tito	Manual de conducta cristiana para líderes de la iglesia, escrita a un joven pastor en Creta
Filemón	Llamado a la unidad cristiana y a perdonar a un esclavo fugitivo

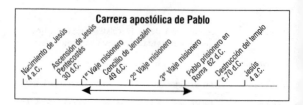

Carrera apostólica de Pablo

Nacimiento de Jesús 4 a.C. — Ascensión de Jesús / Pentecostés 30 d.C. — 1er Viaje misionero — Concilio de Jerusalén 49 d.C. — 2º Viaje misionero — 3er viaje misionero — Pablo prisionero en Roma 62 d.C. — Destrucción del templo c. 70 d.C. — Jesús 4 a.C.

Epístola a los Romanos

Autor y fecha

No cabe duda que Romanos es una exposición del contenido del Evangelio por el pensador más poderoso de la iglesia primitiva: el apóstol Pablo. La epístola lleva el nombre de Pablo como

◆

CLAVES DE ROMANOS

Palabra clave: *La justicia de Dios*

El tema de Romanos se encuentra en 1.16,17: Dios ofrece el don de su justicia a todo aquel que viene a Cristo por la fe.

Versículos claves: *Romanos 1.16,17 y 3.21-25*

Capítulo clave: *Romanos 6—8*

El pasaje central de Romanos 6—8 es fundamental para toda enseñanza sobre la vida espiritual. Este libro contiene todas las respuestas a las preguntas sobre cómo ser libre del pecado, cómo vivir una vida equilibrada bajo la gracia y cómo vivir una vida cristiana victoriosa por el poder del Espíritu Santo.

◆

autor (1.1). Es muy probable que haya escrito la epístola durante su tercer viaje misionero en la primavera del año 56 ó 57 d.C., cuando decide hacer una visita a Roma en un próximo viaje (19.21).

Marco histórico

Romanos fue escrito a una iglesia que Pablo no fundó ni había visitado. Escribe la carta para dar una explicación del evangelio como preparación para una visita personal a Roma (1.11). Es muy probable que haya escrito desde Corinto, donde estaba completando una recolección de dinero de los macedonios y de los de Acaya para los «santos» de Jerusalén.

Contribución teológica

El gran tema de Romanos es el *poder de Dios para salvación*. Los romanos entendían de poder; cuando Pablo escribió esta epístola a la capital del mundo, Roma reinaba suprema. Sin embargo, el evangelio no es algo de lo que pudiera avergonzarse en la comparación, porque también es poder: poder de Dios para salvación para todo el que cree (1.16)

Síntesis de Romanos

Revelación de la justicia de Dios (caps. 1—8)

El prólogo (1.1-17) lo constituye el saludo (1.1-7), una declaración del deseo de Pablo de ministrar en Roma (1.8-15), y el tema del libro: salvación, justicia y fe (1.16,17).

En 1.18—3.20, estructura un buen argumento para la condenación de toda persona bajo el Dios santo. Los gentiles no tienen excusa porque han reprimido el conocimiento de Dios que recibieron de la naturaleza y su conciencia (1.18-32). Los judíos también están bajo la condenación divina y Pablo responde toda objeción que pudiera levantarse contra esta conclusión (2.1—3.8). El veredicto divino (3.9-20) es universal: «Todos pecaron y están destituidos de la gloria de Dios» (3.23).

La sección sobre la justificación (3.21—5.21) enfatiza y desarrolla el tema de la provisión de Dios para la necesidad humana. En Cristo, Dios es tanto Juez como Salvador. La justificación es por gracia (la fuente de la salvación; 3.21-24), por la sangre (la base de la salvación; 3.25,26) y por fe (el conducto de la salvación; 3.27-31).

El capítulo 4 ilustra el principio de la justificación por la fe, independiente de las obras, en la vida de Abraham. La justificación deriva de la reconciliación entre Dios y la humanidad (5.1-11). Pablo compara a los dos Adanes y los resultados opuestos de sus actos. La justicia del segundo Adán se imputa a todo el que cree en Él, y lleva a la reconciliación (5.12-21).

El capítulo 6 describe la relación del creyente con el pecado: en esta posición uno está muerto al principio del pecado (6.1-14) y a la práctica del pecado (6.15-23). La realidad de la identificación con Cristo es la base para la vida cristiana santificada. Después de

Epístola de Pablo a los Romanos

ENFOQUE	Revelación de la justicia de Dios			Vindicación de la justicia de Dios			Aplicación de la justicia de Dios	
REFERENCIAS	1.1 ·········· 3.21 ··········		6.1 ··········	9.1 ··········		11.1 ··········	12.1 ·········· 14.1 · ·16.27	
DIVISIÓN	Necesidad de la justicia de Dios	Imputación de la justicia de Dios	Demostración de la justicia de Dios	Pasado de Israel: La elección	Presente de Israel: Rechazo	Futuro de Israel: Restauración	Deberes cristianos	Libertades cristianas
	Pecado	Salvación	Santificación		Soberanía		Servicio	
TEMA							Comportamiento	
	Doctrinal							
LOCALIZACIÓN	Probablemente escrita desde Corinto							
TIEMPO	c. 56-57 d.C.							

describir la emancipación del cristiano de la ley (7), Pablo mira la obra del Espíritu Santo que mora en cada creyente y lo dota de poder (8.1-17). Todos los cristianos pueden esperar un tiempo cuando serán conformados perfectamente a la imagen de Jesucristo no solo en su posición (presente) pero también en su práctica (la resurrección futura).

Vindicación de la justicia de Dios (caps. 9—11)

Parece que Dios ha rechazado a su pueblo, Israel, pero la realidad es que Israel ha rechazado a su Mesías. El rechazo de Israel por parte de Dios es solo parcial (hay un remanente espiritual que ha confiado en Cristo) y temporal (volverán a ser injertados; 11.23-27).

Aplicación de la justicia de Dios (caps. 12—16)

La salvación descrita en los primeros once capítulos debería transformar la vida del cristiano (12.1,2), de la sociedad (12.3-21), las autoridades o potestades más altas (13.1-7) en relación con Dios y el prójimo (13.8-14). En los capítulos 14 y 15 el apóstol discute el concepto completo de la libertad cristiana, destacando sus principios (14) y su práctica (15.1-13). Una vida cambiada no es una condición para salvación, pero debe ser el producto natural de la fe salvadora. La epístola cierra con la declaración de Pablo acerca de sus planes (15.14-33), una larga serie de saludos personales (16.1-16), y una amonestación seguida por una doxología (16.17-27).

Bosquejo de Romanos

Primera parte: Revelación de la justicia de Dios (1.1—8.39)

Primera Epístola a los Corintios

◆

CLAVES DE PRIMERA DE CORINTIOS

Palabra clave: *Corrección de la vida carnal*

La cruz de Cristo es un mensaje que tiene como designio transformar la vida de los creyentes y hacerlos diferentes del mundo que los rodea como personas y como cuerpo. Sin embargo, los corintios destruyen su testimonio debido a la inmoralidad y la desunión.

Versículos clave: *Primera de Corintios 6.19,20 y 10.12,13*

Capítulo clave: *Primera de Corintios 13*

Este capítulo ha cautivado el corazón de la gente a través del mundo como la mejor definición de «amor» que se haya escrito.

◆

Autor y fecha

Primera y Segunda de Corintios llevan las marcas inconfundibles de la autoría paulina (1 Co 1.1; 2 Co 2.1). La primera epístola fue escrita desde Éfeso (1 Co 16.8) durante el tercer viaje misionero, quizás en el año 56 d.C. La segunda carta la siguió unos doce o quince meses después desde Macedonia, donde Pablo se reunió con Tito y recibió noticias del arrepentimiento de la iglesia (2 Co 2.12-17).

Marco histórico

Hechos 18.1-8 narra la fundación de la iglesia en Corinto. Durante su segundo viaje misionero, Pablo viajó solo de Atenas a Corinto alrededor del año 51 d.C. Allí trabajó con una pareja judía cristiana, Priscila y Aquila, que recientemente habían sido expulsados de Roma por el emperador Claudio porque eran judíos. Silas y Timoteo también se reunieron con Pablo en Corinto. Cuando Pablo se fue de Corinto dieciocho meses después, había florecido una congregación cristiana. La congregación estaba compuesta en su mayoría por expaganos (1 Co 12.2).

Es razonablemente seguro que Pablo escribió cuatro cartas y quizás haya hecho tres visitas a la iglesia de Corinto. Durante su tercer viaje misionero Pablo recibió noticias acerca de inmoralidades en la joven congregación de Corinto. Escribió una carta —que está perdida desde ese tiempo— que claramente no logró su objetivo. Poco tiempo después, Pablo se entera (1 Co 1.11; 16.17) que el problema sexual persiste, junto con otros problemas. Pablo responde con una segunda carta (1 Corintios), pero esta carta tampoco logra corregir los abusos en Corinto.

Entonces, aparentemente Pablo hizo una visita a Corinto, durante la cual fue rechazado (2 Co 2.1). Desde Éfeso Pablo escribe una tercera carta en la que «no se ahorra golpes» en su lucha con los testarudos corintios. Esta carta, enviada por medio de Tito, también está perdida. Muchos eruditos creen que fue anexada a 2 Corintios y preservada como los capítulos 10—13 de esa epístola.

Ansioso por los posibles efectos de su drástica carta, e impaciente por la tardanza de Tito en su regreso, Pablo viajó hacia el norte desde Éfeso a Macedonia. Allí se reunió con Tito, que, para alivio y gozo de Pablo, le informó que el caudillo opositor había sido disciplinado por la iglesia, y se había arrepentido (2 Co 2.5-11). Entonces Pablo escribió una cuarta carta (2 Corintios), en que relata su anterior ansiedad y expresa su gozo por la reforma en Corinto.

Contribución teológica

Los problemas que enfrentó Pablo en la iglesia de Corinto eran complejos y explosivos. La correspondencia resultante es rica y profunda en ideas teológicas. Corinto, como su vecina ciudad de

Atenas, simbolizaba la cultura griega en su deseo de sabiduría y poder. Pablo en cambio se apoya en la ironía de la cruz, «para los judíos tropezadero y para los gentiles locura» (1 Co 1.23).

La locura del evangelio —de hecho, es ofensiva para los griegos cultos— era una indicación de su poder para salvar.

Consideración especial

Primera de Corintios contiene el registro más antiguo de la cena del Señor (1 Co 11.23-26). Las inmortales palabras finales de Cristo: «Esta copa es el nuevo pacto en mi sangre» (11.24-25), recuerdan su muerte y anuncian su futuro regreso.

Síntesis de Primera de Corintios

Respuesta al informe sobre divisiones (caps. 1—4)

El culto a las personalidades centrado en torno a Pablo, Apolos y Pedro ha producido divisiones y un falso orgullo entre los corintios (cap. 1). No es su sabiduría ni inteligencia lo que los ha llevado a Cristo, porque la sabiduría divina es contraria a la sabiduría humana. Las verdades del evangelio se captan espiritualmente (cap. 2). Las facciones que existen entre los santos en Corinto son indicios de su inmadurez espiritual (cap. 3). Deben gloriarse en Cristo y no en líderes humanos que simplemente son siervos de Cristo (cap. 4).

Respuesta al informe sobre fornicación (caps. 5—6)

El siguiente problema abordado por Pablo es el de incesto entre un miembro de la iglesia y su madre adoptiva (cap. 5). Los corintios no han ejercido la disciplina eclesiástica en esta materia; Pablo les ordena expulsar al ofensor de su comunión hasta que se arrepienta. Otra fuente de un mal testimonio es la acción legal de un creyente contra creyente en cortes civiles (6.1-8). Deben aprender a arbitrar sus diferencias dentro de la comunidad cristiana. Pablo concluye esta sección advirtiendo contra la inmoralidad en general (6.9-20).

Primera Epístola de Pablo a los Corintios

ENFOQUE	Respuesta al informe de Cloé sobre divisiones		Respuesta al informe sobre fornicación			Respuesta a una carta con preguntas				
REFERENCIAS	1.1 ···· 1.18 ····		5.1 ···· 6.1 ···· 6.12 ····			7.1 ···· 8.1 ···· 11.2 ···· 15.1 ···· 16.1 ···· 16.24				
DIVISIÓN	Informe sobre divisiones	Motivo de las divisiones	Incesto	Litigios	Inmoralidad	Matrimonio	Ofrendas a los ídolos	Culto público	Resurrección	Colecta para Jerusalén
DIVISIÓN	Divisiones en la iglesia		Desorden en la iglesia			Dificultades en la iglesia				
TEMA	Preocupación		Condenación			Consejo				
LOCALIZACIÓN	Escrita en Éfeso									
TIEMPO	c. 56 d.C.									

Respuesta a una carta de preguntas (caps. 7—16)

En estos capítulos Pablo responde con autoridad las espinosas preguntas hechas por los corintios. Su primer consejo tiene que ver con los temas del matrimonio, el celibato, el divorcio y un nuevo matrimonio (cap. 7). Los tres capítulos siguientes están relacionados con el problema de la carne ofrecida a los ídolos (8.1—11.1). Pablo ilustra con su propia vida los principios gemelos de la libertad cristiana y la ley del amor, y llega a la conclusión que los creyentes a veces deben limitar su libertad por amor a hermanos más débiles (cf. Ro. 14).

Luego, el apóstol se dirige a asuntos relacionados con el culto público, entre los que están la observancia inadecuada de la cena del Señor y el uso egoísta de los dones espirituales (11.2—14.40). Los dones deben usarse en amor para la edificación de todo el cuerpo.

Además, los corintios tenían problemas con la resurrección, lo que Pablo procura corregir (15). La epístola termina con la instrucción de Pablo para la colecta en favor de los santos de Jerusalén (16.1-4), seguida por variadas exhortaciones y saludos (16.5-24).

Bosquejo de primera de Corintios

Segunda Epístola a los Corintios

◆

CLAVES DE SEGUNDA DE CORINTIOS

Palabra clave: *Pablo defiende su ministerio*

El tema principal de 2 Corintios es la defensa que Pablo hace de sus credenciales apostólicas y su autoridad.

Versículos claves: *2 Corintios 4.5,6 y 5.17-19*

Capítulos clave: *2 Corintios 8 y 9*

Estos capítulos son una unidad y comprenden la más completa revelación en las Escrituras del plan divino de dar.

◆

Los antecedentes y temas generales de 2 Corintios se discuten bajo 1 Corintios (pp. 254-259)

Contribución teológica

Probablemente 2 Corintios se reconozca por su enseñanza sobre el ministerio cristiano. Pablo se maravilla por el tesoro del evangelio que Dios confía a siervos humanos. La debilidad del siervo solo destaca el mensaje de salvación (4.1-15).

Síntesis de Segunda de Corintios

Pablo explica su ministerio (caps. 1—7)

Después de su saludo y acción de gracias por el consuelo de Dios en sus aflicciones y peligros (1.1-11), Pablo explica por qué ha tardado su visita a Corinto. No es cuestión de vacilación: el apóstol quiere que tengan suficiente tiempo para arrepentirse (1.12—2.4). Con mucha gracia, Pablo pide que se restaure a la comunión al ofensor arrepentido (2.5-13).

Segunda Epístola de Pablo a los Corintios

ENFOQUE	Pablo explica su ministerio			Colecta de Pablo para los santos		Pablo vindica su apostolado		
REFERENCIAS	1.1 ·········2.14 ·········6.11 ·········			8.1 ·········	8.7 ·········	10.1 ·········	11.1 ·········12.14 ···13.14	
DIVISIÓN	Cambio de planes	Filosofía del ministerio	Exhortaciones a los corintios	Ejemplo de los macedonios	Exhortación a los corintios	Respuestas a los acusadores	Defensa de su apostolado	Anuncia una futura visita
TEMA	Carácter de Pablo			Colecta para los santos		Credenciales de Pablo		
	Éfeso a Macedonia: Cambio de itinerario			Macedonia: Preparación para la visita		A Corinto: Visita inminente		
LOCALIZACIÓN	Escrita desde Macedonia							
TIEMPO	c. 56 d.C.							

En este punto, Pablo se embarca en una extensa defensa de su ministerio en función de su mensaje, circunstancias, motivaciones y conducta (2.14—6.10). Luego amonesta a los creyentes a que se aparten de la inmundicia (6.11—7.1), y expresa su consuelo ante las nuevas de Tito acerca del cambio que han tenido de corazón (7.2-16).

Colecta de Pablo para los santos (caps. 8 y 9)

El ejemplo de liberalidad de los macedonios en el dar para los hermanos necesitados en Jerusalén (8.1-6) va seguido por una exhortación a los corintios para que guarden su promesa haciendo lo mismo (8.7—9.15). En relación con esto Pablo elogia a los mensajeros que ha enviado a Corinto para hacer los arreglos para la gran promesa que han hecho.

Pablo vindica su apostolado (caps. 10—13)

Pablo concluye con una defensa de su autoridad y credenciales apostólicas dirigida a la aún rebelde minoría en la iglesia de Corinto. Su mansedumbre de ninguna manera hace desmerecer su autoridad como apóstol (10). Se ve forzado a jactarse de su conocimiento, integridad, logros, sufrimientos, visiones y milagros (11.1—12.13). Revela sus planes de visitarlos por tercera vez y les exhorta al arrepentimiento para no tener que usar la severidad cuando vaya (12.14—13.10). La carta termina con una exhortación, saludos y una bendición (13.11-14).

Bosquejo de Segunda de Corintios

Primera parte: Pablo explica su ministerio (1.1—7.16)

Epístola a los Gálatas

◆

CLAVES DE GÁLATAS

Palabra clave: *Libertad de la ley*

Esta epístola muestra que el creyente ya no está bajo la ley sino que es salvo solo por la fe. Gálatas es la declaración de independencia del cristiano.

Versículos claves: *Gálatas 2.20,21 y 5.1*

Capítulo clave: *Gálatas 5*

El impacto de la verdad acerca de la libertad es sorprendente: la libertad no se debe usar como «ocasión para la carne, sino servíos por amor los unos a los otros» (5.13). Este capítulo registra el poder, «andad en el Espíritu» (5.16), y los resultados, «el fruto del Espíritu» (5.22), de esa libertad.

◆

Autor y fecha

Ninguna epístola del Nuevo Testamento tiene mejor derecho de reclamar la autoría paulina que Gálatas. La epístola lleva su nombre (1.1), cuenta su historia (1.11—2.14), y expone la verdad que ocupó su vida: la justificación por la fe en Jesucristo (2.16). La fecha de la epístola es menos segura.

Marco histórico

Después de evangelizar las iglesias de Galacia, Pablo recibió noticias perturbadoras en el sentido que se estaban desviando del evangelio que les había enseñado (1.6). Algunos activistas religiosos habían visitado Galacia después de la partida de Pablo, persuadiendo a los cristianos que el evangelio presentado por Pablo era insuficiente para la salvación (1.7).

Contribución teológica

El evangelio que Pablo entregó a los Gálatas no era suyo, ni le fue enseñado por hombres; vino por revelación de Jesucristo (1.11-12). Quienes pretendían cambiarlo estaban interfiriendo con el plan mismo de Dios: que judíos y gentiles son justificados ante Dios solo por la fe (1.7-8).

Síntesis de Gálatas

Defensa del evangelio de la gracia (caps. 1—2)

Pablo afirma su apostolado, divinamente dado, y presenta el evangelio (1.1-5) porque ha sido tergiversado por falsos maestros entre los gálatas (1.6-10). Pablo emprende su argumento biográfico en pro del verdadero evangelio de la justificación por la fe al demostrar que recibió el mensaje no de hombres sino directamente de Dios (1.11-24). Cuando somete su enseñanza sobre la libertad cristiana a los apóstoles en Jerusalén, todos reconocen la validez y autoridad de su mensaje (2.1-10). Pablo también tuvo que corregir a Pedro en cuanto a la libertad de la ley (2.11-21).

Explicación del evangelio de la gracia (caps. 3—4)

En esta sección, Pablo usa ocho líneas de razonamiento para desarrollar su defensa teológica de la justificación por la fe:

(1) Los gálatas comenzaron por la fe (3.1-5).
(2) Abraham justificado por la fe (3.6-9).
(3) Cristo ha redimido a todos los que confían en Él (3.10-14).
(4) La promesa de Abraham no fue anulada por la ley (3.15-18).
(5) La ley era para llevar a los hombres a la fe (3.19-22).
(6(Los creyentes ya no están obligados por la ley (3.23—4.7).
(7) Los gálatas deben recobrar su libertad en Cristo (4.8-20).
(8) Los dos hijos de Abraham revelan alegóricamente la superioridad de la promesa a Abraham por sobre la ley de Moisés (4.21-31).

Epístola de Pablo a los Gálatas

ENFOQUE	Defensa del evangelio de la gracia		Explicación del evangelio de la gracia		Aplicación del evangelio de la gracia
REFERENCIA	1.1 ·········· 2.1 ··········	3.1 ··········	4.1 ·········· 5.1 ··········	6.1 ·········· 6.18	
DIVISIÓN	Apostolado de Pablo	Autoridad de Pablo	Esclavitud a la Ley	Libertad de la gracia	Fruto del Espíritu	Frutos del Espíritu
TEMA	Explicación biográfica		Exposición doctrinal		Exhortación práctica
	Autenticación de la libertad		Argumento pro libertad		Aplicación de la libertad
LOCALIZACIÓN	Teoría de Galacia del sur: Antioquía de Siria Teoría de Galacia del norte: Éfeso o Macedonia				
TIEMPO	Teoría de Galacia del sur: 48 d.C. Teoría de Galacia del norte: 53-56 d.C.				

Aplicación del evangelio de la gracia (caps. 5—6)

Los judaizantes tratan de poner a los gálatas bajo la esclavitud de su pervertido evangelio de justificación por la ley, pero Pablo les advierte que la ley y la gracia son dos principios contrarios (5.1-12). El extremo opuesto del legalismo es el libertinaje o anti-nomianismo (5.13—6.10).

El cristiano no solo ha sido liberado de la esclavitud de la ley; también es libre de la esclavitud del pecado gracias al poder del Espíritu que mora en él. La libertad no es una excusa para ceder a las obras de la carne; más bien concede el privilegio para producir el fruto del Espíritu al caminar en dependencia de Él. La carta termina con un contraste entre los judaizantes —quienes están motivados por orgullo y el deseo de evitar la persecución— y Pablo, que ha sufrido por el verdadero evangelio, pero se gloría en Cristo (6.11-18).

Bosquejo de Gálatas

La Epístola a los Efesios

◆

CLAVES DE EFESIOS

Palabra clave: *Edificación del Cuerpo de Cristo*

Efesios enfoca la responsabilidad del cristiano de andar según su llamamiento celestial en Jesucristo y de estimular al Cuerpo de Cristo para avanzar a la madurez en Él.

Versículos claves: *Efesios 2.8-10 y 4.1-3*

Capítulo clave: *Efesios 6*

Aun cuando el cristiano ha sido bendecido con toda bendición espiritual en los lugares celestiales en Cristo (1.3), la guerra espiritual sigue siendo la experiencia diaria del cristiano mientras está en el mundo.

◆

Autor y fecha

Efesios lleva el nombre de Pablo (1.1; 3.1), y plantea varios de los grandes temas paulinos. Efesios tiene un número notable de diferencias con las cartas indiscutiblemente paulinas; posiblemente fue escrita como circular o «carta abierta» a una cantidad de comunidades cercanas a Éfeso. Quizás Pablo haya escrito Efesios por el mismo tiempo que la Epístola a los Colosenses, desde la prisión a fines de la década del 50 o principio de la del sesenta.

Contribución teológica

El tema de Efesios es la relación entre el celestial Señor Jesucristo y su cuerpo terrenal: la Iglesia. Cristo ahora reina «sobre todo principado, y autoridad y poder y señorío» (1.21) y «sometió todas las cosas bajo sus pies» (1.22). Aunque ha sido exaltado, se identifica tan plenamente con su Iglesia que la considera su Cuerpo, la cual llena con su presencia (1.23; 3.19; 4.10). La relación matrimonial entre marido y mujer es una hermosa analogía para expresar el amor, el sacrificio y el señorío de Cristo sobre la Iglesia (5.22-32).

Consideración especial

La expresión *lugares celestiales* (1.3; 1.20; 2.6; 3.10; 6.12) no es lo mismo que cielo, porque en un caso Pablo habla de «huestes espirituales de maldad en las regiones celestiales» (6.12). «Lugares celestiales» da a entender el mundo invisible y espiritual que está más allá de nuestros sentidos físicos. Es la región donde se vive el más difícil, pero auténtico, discipulado cristiano, fuera del mundo de decisiones, actitudes, tentaciones y compromisos. Es el campo de batalla entre lo bueno y lo malo (6.12).

Síntesis de Efesios

La posición del cristiano (1.1—3.21)

Después de un prólogo de dos versículos, en una sola y larga oración en griego, Pablo alaba al Dios trino por las riquezas de la redención (1.3-14). Este himno a la gracia de Dios alaba al Padre por nuestra elección (1.3-6), al Hijo por redimirnos (1.7-12) y al Espíritu Santo por sellarnos (1.13-14). La obra salvadora de cada persona divina es para alabanza de la gloria de su gracia (1.6,12,14). Antes de continuar, Pablo ofrece la primera de dos significativas oraciones (1.15-23; cf. 3.14-21). En ella pide que los lectores reciban iluminación espiritual.

Luego, Pablo describe el poder de la gracia de Dios y compara su condición anterior con la presente vida espiritual en Cristo, salvación alcanzada no por obras humanas, sino por gracia divina (2.1-10). Esta redención incluye a los judíos, sin embargo, también se extiende a los gentiles (2.11-22). Este es un misterio que ahora ha sido revelado (3.1-13). La segunda oración de Pablo

Epístola de Pablo a los Efesios

ENFOQUE	La posición del cristiano				La práctica del cristiano		
REFERENCIAS	1.1 ·········· 2.1 ·········· 3.14 ·········· 4.1 ·········· 4.17 ·········· 5.22 ·········· 6.10 ·········· 6.24						
DIVISIÓN	Alabanza por la redención	Oración pidiendo revelación	Posición del cristiano	Oración por la realización	Unidad en la iglesia	Santidad de vida	Responsabilidades en el hogar y el trabajo	Conducta en el conflicto
TEMA	Creencia				Conducta		
	Privilegios del cristiano				Responsabilidades del cristiano		
LOCALIZACIÓN	Roma						
TIEMPO	60-61 d.C.						

(3.14-21) expresa el deseo que sus lectores sean fortalecidos con el poder del Espíritu y capten plenamente el amor de Cristo.

La práctica del cristiano (4.1—6.20)

El versículo central es Efesios 4.1, pues traza una línea entre lo doctrinal y práctico del libro. Hay una relación de causa y efecto entre los capítulos 1—3 y 4—6 porque el andar espiritual del cristiano debe estar arraigado en la riqueza espiritual. Pablo exhorta a los lectores a despojarse «del viejo hombre» en cuanto a la pasada manera de vivir (4.22), y vestirse «del nuevo» (4.24). También deben mantenerse andando en santidad como hijos de luz (5.1-21). Toda relación (esposas, maridos, hijos, padres, esclavos y amos) debe ser transformada por su nueva vida en Cristo (5.22—6.9). La pictórica descripción que Pablo hace de la guerra espiritual y de la armadura de Dios (6.10-20) va seguida de una palabra acerca de Tíquico y luego de una bendición (6.21-24).

Bosquejo de Efesios

Epístola a los Filipenses

Autor y fecha

No cabe duda que Filipenses fue escrito por Pablo. Toda la epístola lleva el sello de su lenguaje y estilo. El escenario presenta el encarcelamiento de Pablo y los receptores corresponden a lo que conocemos de la iglesia en Filipos.

Durante su segundo viaje misionero, el año 49 d.C., Pablo sintió el llamado del Señor para visitar Macedonia (Hch 16.6-10). En Filipos fundó la primera congregación cristiana de Europa (Hch 16.11-40). Entre los filipenses y Pablo se estableció una relación de

◆

CLAVES DE FILIPENSES

Palabra clave: *Vivir es Cristo*

En Filipenses es fundamental el concepto de «para mí el vivir es Cristo y el morir *es* ganancia» (1.21).

Versículos claves: *Filipenses 1.21 y 4.12*

Capítulo clave: *Filipenses 2*

La grandeza de la verdad del Nuevo Testamento rara vez supera la revelación de la humildad de Jesucristo al dejar los cielos para ser siervo de los hombres.

◆

apoyo que duró toda la vida (Flp 1.5; 4.15). Visitó la iglesia nuevamente durante su tercer viaje misionero (Hch 20.1,6).

Cuando escribe Filipenses, Pablo estaba en prisión a la espera del juicio, tal vez por el año 60 d.C. (Flp 1.7). Los cristianos filipenses acudieron en ayuda de Pablo enviándole una donación, quizás en dinero, por medio de Epafrodito (4.18). Durante su estadía con Pablo, Epafrodito enfermó de gravedad. Pero se recuperó y Pablo lo mandó de regreso a Filipos. Pablo envió esta carta con Epafrodito para aliviar la ansiedad de los filipenses por su amado colaborador (2.25-30).

Contribución teológica

El enfoque de los pensamientos de Pablo en esta epístola es la vida cristocéntrica, distintivo de lo cual es el gozo. Pablo ha rendido todo a Cristo y puede decir: «Para mí el vivir es Cristo» (1.21), «prisionero de Cristo» (1.13), «vivir y morir en Cristo» (1.20) y «perderlo todo para ganar a Cristo» (3.7-8). Puesto que el único motivo de Pablo es «conocerle» (3.10), él tiene participación del poder de Cristo y «todo lo puedo en Cristo», que es gozo y poder (4.13).

Consideración especial

En ningún otro lugar se presenta el sentir de Cristo a los cristianos con más fuerza que en Filipenses 2.1-11. En su llamado a los filipenses a estar «unánimes» (2.2) y a que busquen la humildad, Pablo cita el ejemplo de la encarnación de Dios en Jesucristo. En contraste con Adán, que procuró hacerse igual a Dios (Gn 3.5), Cristo no trató de aferrarse a su igualdad con Dios. En cambio siendo Dios, se «despojó» (literalmente, se vació) y tomó la forma de siervo, hasta el punto de sufrir la muerte como un vulgar criminal.

Síntesis de Filipenses

Pablo explica sus circunstancias presentes (cap. 1)

La salutación acostumbrada de Pablo (1.1,2) va seguida por su acción de gracias, su sincera preocupación y oración en favor de los filipenses (1.3-11). Pablo da a conocer las circunstancias de su encarcelamiento y se goza en la difusión del evangelio a pesar de su situación y debido a ella (1.12-26). Al considerar el resultado del juicio que se aproxima, expresa su deseo de «partir y estar con Cristo» (1.23) o de continuar en el ministerio. Pablo anima a los filipenses a permanecer firmes en vista de la oposición y la persecución venidera (1.27-30).

Llamado de Pablo a tener el sentir de Cristo (cap. 2)

Pablo exhorta a los filipenses a que tengan el espíritu de unidad y preocupación mutua adoptando la actitud de humildad (2.1-4), de la que es el mayor ejemplo la encarnación y crucifixión de Cristo (2.5-11). Pablo pide a los filipenses que apliquen esta actitud a sus vidas (2.12-18), y da otros dos ejemplos de sacrificio: los ministerios de Timoteo y Epafrodito (2.19-30).

Llamado de Pablo a conocer a Cristo (cap. 3)

Da la impresión que Pablo está por terminar su carta cuando se

Epístola de Pablo a los Filipenses

ENFOQUE	Explicación de sus circunstancias	El sentir de Cristo	El conocimiento de Cristo	La paz de Cristo
REFERENCIAS	1.1 ·············	······· 2.1 ···········	·········· 3.1 ·············	··· 4.1 ········· ······4.23
DIVISIÓN	Participar de Cristo	Pueblo de Cristo	Búsqueda de Cristo	Poder de Cristo
TEMA	Sufrimiento	Sumisión	Salvación	Santificación
	Experiencia	Ejemplos	Exhortación	
LOCALIZACIÓN	Roma			
TIEMPO	c. 60 d.C.			

lanza en una advertencia sobre el continuo problema del legalismo (3.1-9) y revela datos autobiográficos acerca de sus logros anteriores en el judaísmo. Comparado con la meta de conocer a Cristo, la búsqueda anterior era como nada.

Llamado de Pablo a tener la paz de Cristo (cap. 4)

En una serie de exhortaciones, Pablo pide a los filipenses que tengan paz entre los hermanos y que su estilo de vida sea de paz, unidad, dependencia en oración y santidad (4.13). En 4.4-9 Pablo describe los secretos de tener la paz de Dios y paz con Dios. Luego se regocija por la donación de ellos, pero explica que el poder de Cristo le permite vivir por sobre las circunstancias (4.10-20). Esta carta termina con saludos y bendición (4.21-23).

Bosquejo de Filipenses

La Epístola de los Colosenses

◆

CLAVES DE COLOSENSES

Palabra clave: *La preeminencia de Cristo*

El tema resonante en Colosenses es la preeminencia y suficiencia de Cristo en todas las cosas. El creyente está completo solo en Él y nada le falta porque «en él habita toda la plenitud de la divinidad corporalmente» (2.9).

Versículos claves: *Colosenses 2.9,10 y 3.1,2*

Capítulo clave: *Colosenses 3*

El capítulo 3 une los tres temas de Colosenses y muestra su relación de causa y efecto: Por cuanto el creyente ha resucitado con Cristo (3.1-4), tiene que desvestir el viejo hombre y vestir el nuevo (3.5-17) que dará como resultado santidad en todas las relaciones (3.18-25).

◆

Autor y fecha

Colosenses fue escrito por Pablo (y Timoteo, 1.1) a una comunidad cristiana que no había visitado (2.1). Pablo había establecido un ministerio residente en Éfeso, unos 160 kilómetros al oeste de Colosas. Por más de dos años la influencia de su ministerio alcanzó a «todos los que habitaban en Asia» (Hch 19.10). Epafras debe haber oído a Pablo en Éfeso y luego llevó el evangelio a Colosas (1.7-8; 4.12-13).

Pablo escribió la epístola desde la prisión (4.3,10,18), pero no indica dónde estaba preso. Se ha sugerido que fue en Cesarea o Éfeso, pero el lugar más probable es Roma (Hch 28.30). Esto pondría la fecha de la epístola a fines de la década del 50 o a principios de la década del 60.

Ubicación histórica

La falsa enseñanza se había arraigado en Colosas. Esta enseñanza combinaba especulaciones paganas (2.8) con observancias judaicas (2.16); es posible que esto resultara en una forma inicial de gnosticismo. Esta enseñanza pretendía agregarle o mejorar el evangelio que, por lo menos en forma indirecta, habían recibido de Pablo.

Contribución teológica

Pablo desenmascara la falsa enseñanza como «huecas sutilezas... de los hombres» (2.8), «tienen cierta reputación de sabiduría» (2.23), pero en realidad son inútiles. Declara que agregar tales cosas más bien diluye que fortalece la fe (2.20).

Síntesis de Colosenses

Supremacía de Cristo (caps. 1—2)

El saludo de Pablo (1.1,2) va seguido por una acción de gracias inusualmente extensa (1.3-8) y una oración (1.9-14) por los creyentes en Colosas. Pablo expresa su preocupación de que los colosenses alcancen una comprensión más profunda de la persona y el poder de Cristo. Él es supremo en la creación (1.15-18) y en la redención (1.19-23).

Pablo describe su ministerio de proclamar el misterio de «Cristo en vosotros, la esperanza de gloria» (1.27) a los gentiles y asegura a sus lectores que aunque no los ha conocido personalmente, desea mucho que lleguen a estar arraigados solo en Cristo, que es preeminente en la iglesia (1.24—2.3). Esto es especialmente importante si se tiene en cuanta a los falsos maestros que los engaña-

Epístola de Pablo a los Colosenses

ENFOQUE	Supremacía de Cristo			Sumisión a Cristo		
REFERENCIAS	1.1 ········· 1.15 ········· 2.4 ········· 3.1 ········· 3.5 ········· 4.7 ········· 4.18					
DIVISIÓN	Introducción	Preeminencia de Cristo	Libertad en Cristo	Posición del creyente	Práctica del creyente	Conclusión
TEMA	Doctrinal			Práctico		
	Lo que Cristo puede hacer por medio nuestro			Lo que Cristo hizo por nosotros		
LOCALIZACIÓN	Roma					
TIEMPO	60-61 d.C.					

rían por medio de un racionalismo seductor (2.4-7), las vanas filosofías (2.8-10), los ritos legalistas (2.11-17), un misticismo impropio (2.18,19) y un ascetismo inútil (2.20-23). En cada caso, Pablo compara el error con la verdad correspondiente acerca de Cristo.

Sumisión a Cristo (caps. 3—4)

La unión del creyente con Cristo en su muerte, resurrección y exaltación es el fundamento sobre el cual debe edificar su vida terrenal (3.1-4). Dada su muerte con Cristo, el creyente debe considerarse muerto a los viejos pecados y dejarlos (3.5-11); debido a su resurrección con Cristo, el creyente debe considerarse vivo para Cristo en justicia (3.12-17).

Al ir de la vida interior (3.1-17) a la vida exterior (3.18—4.6), Pablo bosqueja la transformación que la fe en Cristo debería producir en las relaciones, en el hogar y fuera de él. Esta epístola termina con una afirmación acerca de sus portadores (Tíquico y Onésimo), con saludos e instrucciones y una nota de despedida (4.7-18).

Bosquejo de Colosenses

Primera parte: Supremacía de Cristo en la iglesia (1.1—2.23)

I. **Introducción**	**1.1-14**
A. Saludo de Pablo a los colosenses	1.1,2
B. Acción de gracias de Pablo por los colosenses	1.3-8
C. Oración de Pablo por los colosenses	1.9-14
II. **La preeminencia de Cristo**	**1.15—2.3**
A. Cristo es preeminente en la creación	1.15-18
B. Cristo es preeminente en la redención	1.19-23
C. Cristo es preeminente en la Iglesia	1.24—2.3
III. **La libertad en Cristo**	**2.4-23**
A. Libertad de las palabras seductoras	2.4-7

Primera Epístola a los Tesalonicenses

Autor y fecha

El vocabulario, estilo y pensamiento de Tesalonicenses son genuinamente paulinos. Ambas epístolas llevan su nombre como autor (1 Ts 1.1; 2 Ts 1.1) y es muy probable que fueran escritas desde Corinto (1 Ts 1.1; 2 Ts 1.1) a fines del año 50 d.C. o al principio del 51.

Ubicación histórica

Pablo fundó la iglesia de Tesalónica el año 49 o 50 d.C. durante su segundo viaje misionero (Hch 17.1-9). La iglesia estaba formada por unos pocos convertidos judíos y un mayor número de expaganos (1 Ts 1.9; Hch 17.4). Con el deseo de no ser carga para la nueva iglesia, Pablo trabajó como fabricante de tiendas —sacrifi-

◆

CLAVES DE PRIMERA DE TESALONICENSES

Palabra clave: *Santidad a la luz de la venida de Cristo*

A lo largo de esta carta hay un énfasis inconfundible sobre la firmeza en el Señor y un crecimiento continuo en la fe y el amor con la mira puesta en la Segunda Venida de Cristo.

Versículos clave: *1 Tesalonicenses 3.12,13 y 4.16-18*

Capítulo clave: *1 Tesalonicenses 4*

El capítulo 4 incluye el pasaje central de la epístola sobre la venida del Señor cuando los muertos en Cristo resucitarán primero y los que queden serán arrebatados juntamente con ellos en las nubes.

◆

cándose personalmente— (1 Ts 2.7-12)— y recibe ayuda dos veces de los siempre fieles filipenses (Flp 4.16).

Sin embargo, la estadía de Pablo en Tesalónica se vio acortada cuando los judíos reunieron a algunos alborotadores locales y se produjo un tumulto; se llevaron a Pablo fuera del pueblo, y este dejó a Timoteo para seguir el trabajo (Hch 17.1-15). Separado tan bruscamente de la iglesia recién formada, Pablo describe sus sentimientos como uno que ha sido dejado huérfano (texto griego, 1 Ts 2.17).

A salvo en Atenas, Pablo envía a Timoteo (quien aparentemente se reunió con él desde entonces) de regreso a Tesalónica para fortalecer y animar a los hermanos (1 Ts 3.2). Cuando Timoteo regresó donde el apóstol Pablo, quien mientras tanto había viajado a Corinto (Hch 18.1-5), le trajo noticias del amor y fe de los tesalonicenses. En respuesta al alentador informe de Timoteo, Pablo escribió la Primera epístola a los Tesalonicenses. Es evidente que los tesalonicenses estaban inquietos por la Segunda Venida de Cristo pues Pablo también discute el tema en la carta siguiente.

Contribución teológica

Pablo escribe las epístolas en el espíritu de un verdadero pastor. Está rebosante de alegría con su entusiasta respuesta al evangelio y sueña con el día cuando ellos estarán con él en la presencia del Señor Jesús (1 Ts 2.19-20).

Se compara con una nodriza que cuida sus propios hijos (1 Ts 2.7) y a un padre que trabaja en favor de su familia (1 Ts 2.9-12) . Se da en cuerpo y alma a los tesalonicenses (1 Ts 2.8) y se atreve a esperar que ellos también se den igualmente a Dios (1 Ts 5.23).

Consideración especial

Sobre el tema de la Segunda Venida, Pablo les asegura qué sucederá, pero no cuándo ocurrirá. Sin embargo, al final habrá una rebelión generalizada y apostasía de la fe. Pablo les exhorta que sean sensatos durante el tiempo de tribulación y advierte a los cristianos para que no se desesperen cuando vean al anticristo que pretende ser Dios (2 Ts 2.4)

Síntesis de Tesalonicenses

Reflexiones personales de Pablo sobre los tesalonicenses (caps. 1—3)

El saludo típico de Pablo en el primer versículo combina el acostumbrado saludo griego («gracia») y el hebreo («paz») de la época y los enriquece con contenido cristiano. El capítulo inicial es una declaración de acción de gracias por la metamorfosis de los tesalonicenses desde el paganismo a la esperanza cristiana. Fe, amor y esperanza (1.3) caracterizan adecuadamente la nueva vida de estos creyentes.

En 2.1-16, Pablo repasa su breve ministerio en Tesalónica y defiende su conducta y sus motivaciones, para responder, aparentemente a enemigos que tratan de impugnar su carácter y su mensa-

Primera Epístola de Pablo a los Tesalonicenses

ENFOQUE	Reflexiones sobre los Tesalonicenses			Instrucciones a los Tesalonicenses			
REFERENCIAS	1.1 ·········2.1 ·········2.17·········4.1 ·········4.13·········5.1 ·········5.12·········5.28						
DIVISIÓN	Elogio por el crecimiento	Fundación de la iglesia	Fortalecimiento de la iglesia	Directrices para el crecimiento	Los muertos en Cristo	El día del Señor	Vida santa
TEMA	Experiencia personal			Exhortación práctica			
	Mirada hacia atrás			Mirada hacia delante			
LOCALIZACIÓN	Escrita en Corinto						
TIEMPO	c. 51 d.C.						

je. Envía a Timoteo a ministrarles y se siente bastante aliviado cuando Timoteo le informa la estabilidad de la fe y el amor de ellos (2.17—3.10). Por lo tanto, Pablo termina esta sección histórica con una oración para que su fe siga profundizándose (3.11-13).

Instrucciones de Pablo a los Tesalonicenses (caps. 4—5)

Pablo pasa hábilmente a una serie de exhortaciones y les recuerda su enseñanza previa sobre temas sexuales y sociales (4.1-12). Arraigados en la Palabra de Dios (2.13), los lectores deben resistir las presiones constantes de una sociedad pagana.

Pablo les había enseñado sobre la Segunda Venida de Cristo, y ellos estaban angustiados por la muerte de algunos de ellos. En 4.13-18, Pablo los consuela con la seguridad que todos los que murieron en Cristo resucitarán en su *parusía* (presencia, venida o advenimiento). En la espera del día del Señor (5.1-11), los creyentes deben velar y ser sobrios. Deben tratarse unos a los otros con integridad y de esa manera seguir creciendo espiritualmente (5.12-22). La epístola termina con la expresión del deseo la santificación de ellos, tres peticiones y una bendición (5.23-28).

Bosquejo de Primera de Tesalonicenses

Segunda Epístola a los Tesalonicenses

$\blacklozenge$

CLAVES DE SEGUNDA DE TESALONICENSES

Palabra clave: *Entendimiento del día del Señor*

El tema de esta epístola es la interpretación del día del Señor y los cambios resultantes en el estilo de vida.

Versículos claves: *2 Tesalonicenses 2.2,3 y 3.5,6*

Capítulo clave: *2 Tesalonicenses 2*

El capítulo dos fue escrito para corregir las enseñanzas equivocadas en el sentido de que el día del Señor ya había venido para la iglesia de Tesalónica.

$\blacklozenge$

Los antecedentes y temas generales de 2 Tesalonicenses se discuten bajo 1 Tesalonicenses (pp. 281-285).

Síntesis de Segunda de Tesalonicenses

Aliento de Pablo en la persecución (cap. 1)

Después de su saludo de dos versículos, Pablo da gracias por la fe y el amor creciente de los tesalonicenses y les da seguridad de su liberación final de quienes les persiguen (1.3-10). Les estimula a soportar con paciencia sus aflicciones, sabiendo que el Señor Jesús juzgará a sus perseguidores. Termina esta sección con una oración por el bienestar espiritual de sus lectores (1.11,12).

Pablo explica el día del Señor (cap. 2)

Dada la gravedad de sus aflicciones, los tesalonicenses se han vuelto vulnerables a la falsa enseñanza (y posiblemente a una carta fraudulenta en el nombre de Pablo), que reclama que ya ha ve-

Primera Epístola de Pablo a Timoteo

ENFOQUE	Doctrina	Culto público	Falsos maestros	Disciplina eclesiástica	Motivos pastorales
REFERENCIAS	1.1 ···········	··········· 2.1 ···········	··········· 4.1 ···········	··········· 5.1 ···········	··········· 6.1 ··········· 6.21
DIVISIÓN	Problema de falsa doctrina	Culto público y liderazgo	Preservación de la verdadera doctrina	Prescripciones para viudas y ancianos	Motivaciones pastorales
TEMA	Advertencia	Culto	Sabiduría	Viudas	Riqueza
TEMA	Peligros de la falsa doctrina	Instrucciones para el culto	Defensa contra los falsos maestros	Deberes hacia los demás	Cómo tratar a los ricos
LOCALIZACIÓN	Escrita en Macedonia				
TIEMPO	c. 62-63 d.C.				

nido el día del Señor (2.1,2). Esto era particularmente perturbador pues la carta anterior de Pablo les había dado consuelo y esperanza en el sentido que ellos no estaban destinados a la ira de aquel día (1 Ts 5.9). En consecuencia, Pablo les asegura que el día del Señor aún está en el futuro y no llegará inadvertidamente (2.3-12). Concluye esta sección con una palabra de aliento y una oración de bendición y consuelo.

Exhortación de Pablo a la Iglesia (cap. 3)

Pablo pide a los tesalonicenses que oren en su favor y esperen con paciencia al Señor (3.1-5). Habiendo elogiado, corregido y consolado a sus lectores, el diplomático apóstol termina su carta con una firme orden a los que han estado usando la verdad de la venida de Cristo como excusa para una conducta desordenada (3.6-15; cf. 1 Ts 4.11,12). La doctrina de la segunda venida de Cristo exige un equilibrio entre esperar y trabajar. Su perspectiva es que debiera animar la santidad no la ociosidad. La sección final, como las primeras dos, termina con una nota de bendición (3.16-18).

Bosquejo de Segunda de Tesalonicenses

Primera Epístola a Timoteo

◆

CLAVES DE PRIMERA DE TIMOTEO

Palabra clave: *Manual de liderazgo*

El tema de esta epístola es la organización y supervisión de las iglesias de Asia por Timoteo como fiel ministro de Dios. Pablo escribe para que Timoteo tenga directrices eficaces para su obra mientras él está en Macedonia.

Versículos claves: *1 Timoteo 3.15,16 y 6.11,12*

Capítulo clave: *1 Timoteo 3*

En el capítulo 3 hay una lista de las cualidades para los líderes de la iglesia de Dios, los ancianos y diáconos. Es notable la ausencia de cualidades para el éxito o posición mundanal. En cambio, Pablo enumera las cualidades de carácter demostrando que el verdadero liderazgo emana de nuestro andar con Dios más que en logros o éxito vocacional.

◆

Autor y fecha

El autor y la fecha de las epístolas Pastorales quedan como una cuestión no resuelta en los estudios del Nuevo Testamento. Por una parte, las epístolas llevan el nombre de Pablo como autor (1 Ti 1.1; 2 Ti 1.1; Tit 1.1) y conservan muchas referencias personales a él (1 Ti 1.3,12-16; 2 Ti 4.9-22; Tit 1.5; 3.12,13). Sin embargo, otras consideraciones plantean problemas a la autoría paulina de las Pastorales, entre ellas, una marcada diferencia en vocabulario y estilo.

Las cartas pueden ser fechadas entre el primer y segundo encarcelamiento de Pablo, en los alrededores del año 65 d.C., o también hacia el final del primer siglo.

Marco histórico

Primera y Segunda de Timoteo difieren en contexto histórico. En la primera epístola Pablo escribe desde Macedonia al joven Timoteo (1 Ti 4.12) que ha sido dejado en Éfeso para supervisar la congregación (1 Ti 1.3). La segunda epístola, también dirigida a Timoteo en Éfeso, viene desde Roma donde Pablo está en su segundo (2 Ti 4.16) y más duro encarcelamiento (2 Ti 1.8,16; 2.9). Pablo está solo (salvo por Lucas, 2 Ti 4.11), y sabe que el final de su vida está cercano (2 Ti 4.6).

Contribución teológica

Para Pablo la mejor medicina para la falsa enseñanza y la apostasía es la «sana doctrina» (1 Ti 1.10; 4.3). El evangelio es una herencia espiritual que se recibe por testimonio fiel y que debe ser traspasado a otros (2 Ti 2.2). Trae consigo integridad o salud («sano» en griego), no solo en creencia, sino también en buenas obras.

Consideración especial

Las Epístolas a Timoteo deben considerarse como los manuales más antiguos de organización eclesiástica. En ellas hallamos directrices para la selección de los líderes de la iglesia (1 Ti 3.1-13) y la conciencia de la necesidad de fórmulas normalizadas para la expresión de la fe. Segunda de Timoteo presenta el primer (y único) pronunciamiento en el Nuevo Testamento sobre la Biblia como «Escrituras» (refiriéndose al Antiguo Testamento, 2 Ti 3.14-17), «inspirada por Dios».

Síntesis de Primera de Timoteo

Encomienda de Pablo sobre la doctrina (cap. 1)

Después de su saludo (1.1,2) Pablo advierte a Timoteo sobre el problema creciente de la falsa doctrina, particularmente en lo que se refiere al mal uso de la ley de Moisés (1.3-11). Entonces el ya anciano apóstol narra su radical conversión a Cristo y su posterior llamado al ministerio (1.12-17). Timoteo también ha recibido un llamamiento divino y Pablo le encarga que lo cumpla sin titubear en doctrina ni en conducta (1.18-20).

Encomienda de Pablo acerca del culto público (caps. 2—3)

Luego Pablo enfoca los problemas de culto y liderazgo en la iglesia. La oración pública eficaz debe ser parte del papel de los hombres en la iglesia (2.1-8). Enseguida se vuelve al papel de la mujer (2.9-15), en que enfatiza la importancia de la cualidad interior de la piedad.

En 3.1-7, Pablo hace una lista de requisitos para los obispos. La palabra que se traduce «obispos» (*episkopos*) se usa como sinónimo de la palabra «anciano» (*presbuteros*) en el Nuevo Testamento, porque originalmente ambas se referían al mismo oficio (véase Hch 20.17,28; Tit 1.5,7). En 3.8-13 se da la lista de los requisitos para el oficio de diácono (*diakonos*, «servidor»).

Encomienda de Pablo acerca de falsos maestros (cap. 4)

Era obvio que Timoteo tenía problemas con algunos hombres mayores (5.1) que habían abandonado la fe. Pablo le aconseja sobre los problemas del matrimonio, los alimentos y el ejercicio. La encomienda final exhorta a Timoteo que no descuide el don espiritual que le ha sido entregado.

Encomienda de Pablo sobre la disciplina eclesiástica (cap. 5)

Uno de los deberes pastorales más difíciles para el joven ministro es dirigir el ejercicio de la disciplina eclesiástica. Luego de comenzar con el consejo general de tratar a todos los miembros de la iglesia como una familia (5.1,2), Pablo enfoca dos áreas especiales de viudas y ancianos, centrándose en la responsabilidad de Timoteo de proveer instrucción práctica.

Segunda Epístola de Pablo a Timoteo

ENFOQUE	Perseverar en las pruebas presentes			Soportar las pruebas futuras		
REFERENCIAS	1.1 ··········	·········· 1.6 ··········	·········· 2.1 ··········	·········· 3.1 ··········	·········· 4.1 ··········	·········· 4.6 ·········· 4.22
DIVISIÓN	Acción de gracias por la fe de Timoteo	Recordatorio de la responsabilidad de Timoteo	Características de un ministro fiel	El cercano día de la apostasía	Encomienda de predicar la Palabra	Cercanía de la muerte de Pablo
TEMA	Poder del evangelio		Perseverancia del evangelio	Protector del evangelio	Proclamación del evangelio	
	Recordatorio		Requisitos	Resistencia	Peticiones	
LOCALIZACIÓN	Prisión en Roma					
TIEMPO	c. 67 d.C.					

Encomienda de Pablo acerca de los deberes pastorales (cap. 6)

Además, la insidiosa doctrina enseñaba que la piedad a la larga resultaría en bendición material. En palabras firmes, Pablo declara «de los tales apártate» (6.5). El libro termina con una extensa encomienda (6.11-21), complementada con una encomienda adicional a Timoteo sobre dar de su tiempo a los ricos (6.17-19).

Bosquejo de Primera de Timoteo

Segunda Epístola a Timoteo

◆

CLAVES DE SEGUNDA DE TIMOTEO

Palabra clave: *Paciencia en el ministerio pastoral*

Pablo comisiona a Timoteo para que soporte con fidelidad y lleve a cabo la obra que el apóstol, ya condenado, debe ahora dejar y que use la Palabra de Dios constantemente para vencer los crecientes obstáculos contra la predicación del evangelio.

Versículos claves: *2 Timoteo 2.3,4 y 3.14-17*

Capítulo clave: *2 Timoteo 2*

El segundo capítulo de 2 Timoteo debería ser una lectura diaria obligatoria para todo pastor y obrero cristiano a tiempo completo. Pablo hace una lista de las claves para un ministerio duradero: ministerio que se reproduce (vv. 1,2), paciente ministerio de éxito (vv. 3-13), un ministerio de estudio (vv. 14-18) y un ministerio santo (vv. 19-26).

◆

Síntesis de Segunda de Timoteo

Perseverancia en la prueba presente (caps. 1—2)

Después de su salutación a su «amado hijo» (1.2), Pablo expresa su acción de gracias por la fe genuina de Timoteo (1.5). Luego exhorta a Timoteo a permanecer firme en el poder del evangelio y a vencer todo temor al enfrentar la oposición. Debe reproducir en otros lo que ha recibido en Cristo (en 2.2 menciona 4 generaciones). Su responsabilidad es trabajar arduamente y disciplinarse como un maestro, soldado, labrador, obrero, vaso, y siervo, siguiendo el ejemplo de la perseverancia de Pablo (2.1-13). En sus tratos con los demás, Timoteo no debe enredarse en falsas espe-

culaciones, disputas necias ni en las pasiones juveniles que anularán su eficacia. Mientras sigue «la justicia, la fe y el amor» (2.22), debe saber cómo vencer con gracia el error.

Soportar las pruebas futuras (caps. 3—4)

Pablo anuncia un tiempo de creciente apostasía y maldad, cuando hombres y mujeres sean más susceptibles a recibir la vana religiosidad y la enseñanza falsa (3.1-9).La arrogancia y la impiedad generarán más engaño y persecución, pero Timoteo no debe titubear en el uso de la Escritura para combatir el error doctrinal y el mal moral (3.10-17). Las Escrituras son inspiradas por Dios y con ellas Timoteo está equipado para llevar a cabo el ministerio al que ha sido llamado.

La exhortación final a Timoteo (4.1-5) es un resumen clásico de la tarea del hombre de Dios a proclamar el evangelio a pesar de las circunstancias adversas. Esta carta muy personal termina con una actualización de la situación de Pablo en Roma junto con algunos pedidos (4.6-22). Pablo pide a Timoteo que venga antes del invierno (4.9,21), y le traiga algunas cosas, especialmente los «pergaminos» (probablemente porciones de las Escrituras del Antiguo Testamento).

Bosquejo de Segunda de Timoteo

Epístola a Tito

◆

CLAVES DE TITO

Palabra clave: *Manual de conducta para la vida cristiana*

Esta breve epístola enfoca el rol y las responsabilidades de Tito en la organización y supervisión de las iglesias en Creta. Se escribe para fortalecer a Tito y animarlo en el ejercicio firme de su autoridad como representante apostólico ante iglesias en las que es necesario poner orden.

Versículos claves: *Tito 1.5 y 3.8*

Capítulo clave: *Tito 2*

Resumidos en Tito 2 están los mandamientos claves que hay que obedecer para asegurar una relación piadosa dentro de la iglesia.

◆

Autor y fecha

Las circunstancias bajo las cuales Pablo le escribió a Tito eran las mismas que cuando le escribió a Timoteo. Las pastorales fueron escritas durante el cuarto viaje misionero entre los encarcelamientos de Pablo en Roma. La fecha sería alrededor de los años 64-66 d.C.

Ubicación histórica

Muchos judíos de Creta estaban en Jerusalén cuando Pedro pronunció su sermón el día de Pentecostés (Hch 2.11). Algunos de ellos pueden haber creído en Cristo y presentaron el evangelio a otros en la isla cuando regresaron. Según Tito 1.5, Pablo dejó a

Tito en Creta para continuar estableciendo iglesias y nombrando «ancianos en cada ciudad».

Contribución teológica

Tito enfatiza la sana doctrina (1.9; 2.8,10) y llama a los creyentes a las buenas obras (1.6; 2.14; 3.14). Pablo incluye tres secciones doctrinales en esta carta para enfatizar que la creencia correcta es la base para una conducta correcta.

Síntesis de Titos

Designación de ancianos (cap. 1)

El saludo a Tito es realmente una declaración doctrinal compacta que levanta «su Palabra» como la fuente de la verdad que revela el camino de la vida eterna (1.1-4). Pablo recuerda a Tito su responsabilidad de organizar las iglesias de Creta designando ancianos (llamados «obispos», véase 1.7) y repasa los requisitos que estos líderes espirituales deben cumplir (1.5-9). Esto es especialmente importante debido a los trastornos que causaban los falsos maestros perturbando a una muchos creyentes con sus mitos y mandamientos judaicos (1.10-16).

Poner las cosas en orden (caps. 2—3)

A Tito se le hace el encargo de «hablar lo que está de acuerdo con la sana doctrina» (2.1), y Pablo traza líneas acerca del papel de este con relación a diversos grupos en la iglesia, incluidos los ancianos, las ancianas, las mujeres jóvenes, los jóvenes y los siervos (2.2-10). El conocimiento de Cristo debe efectuar una transformación en cada uno de estos grupos para que su testimonio «adorne la doctrina de Dios» (2.10).

La segunda declaración doctrinal de Tito (2.11-14) da la base para los llamados que Pablo acaba de hacer para una vida justa. En su gracia, Dios redime a los creyentes de la esclavitud del pecado y les garantiza la «esperanza bienaventurada» de la venida de Cristo que a su tiempo se manifestará.

Epístola de Pablo a Tito

ENFOQUE	Designación de ancianos		Poner las cosas en orden	
REFERENCIAS	1.1 ··········	·········· 1.10 ··········	·········· 2.1 ··········	·········· 3.1 ·········· ·········· 3.15
DIVISIÓN	Ordenar ancianos calificados	Reprender a los falsos maestros	Hablar la sana doctrina	Perseverar en buenas obras
TEMA	Protección de la sana doctrina		Práctica de la sana doctrina	
	Organización	Ofensores	Operación	Obediencia
LOCALIZACIÓN	Probablemente escrita en Corinto			
TIEMPO	c. 64 d.C.			

En el capítulo 3, Pablo pasa de la conducta de grupos (2.1-10) a la conducta en general (3.1-11). La conducta de los creyentes como ciudadanos debe ser diferente de la conducta de los incrédulos debido a su regeneración y renovación por el Espíritu Santo.

La tercera declaración doctrinal del libro (3.4-7) pone el énfasis en la bondad, amor y misericordia de Dios, que «nos salvó, no por obras de justicia que nosotros hubiéramos hecho» (3.5). Sin embargo, en los tres capítulos de Tito se enfatiza seis veces la necesidad de buenas obras como resultado de la salvación (1.16; 2.7,14; 3.1,8,14). Pablo exhorta a Tito que trate con firmeza a los que causan divisiones y controversias (3.9-11) y termina la carta con tres instrucciones, un saludo y una bendición (3.12-15).

Bosquejo de Tito

Epístola a Filemón

Autor, fecha y ubicación histórica

La epístola a Filemón es compañera de la epístola a los Colosenses. Ambas fueron escritas durante el encarcelamiento de Pablo, probablemente en Roma (Col 4.18; Flp 9). La fecha para las

---

◆

CLAVES DE FILEMÓN

Palabra clave: *Perdón al esclavo*

Filemón desarrolla la transición de la esclavitud a la hermandad que produce el amor cristiano y el perdón. Así como Filemón recibió misericordia por la gracia de Cristo, así debe misericordiosamente perdonar a su esclavo fugitivo que ha regresado como hermano en Cristo.

Versículos claves: *Filemón 16, 17*

◆

---

dos cartas se pone al final de la década del 50 o al principio de la del 60.

Filemón era residente en Colosas (Flm 1-2) y convertido de Pablo (v. 19). La casa de Filemón era suficientemente grande para servir de lugar de reuniones para la iglesia allí (v. 2). Era benevolente con los demás creyentes (vv. 5-7), y era evidente que su hijo, Arquipo, tenía una posición de liderazgo en la iglesia (véase Col 4.17; Flm. 2). Además de Onésimo, Filemón puede haber tenido otros esclavos (Col 4.1). Así que esta carta y su respuesta daría directrices para otras cuestiones en la relación de amo y esclavo.

Contribución teológica

La epístola a Filemón es una lección en el arte de las relaciones cristianas. No hay ejemplo más bello de «hablar la verdad en amor» (Ef 4.15) que esta hermosa epístola. Aunque el derecho legal de Filemón en el mundo antiguo era castigar y aun matar al esclavo fugitivo, Pablo esperaba —en realidad anhelaba (v. 19)— que Filemón recibiera a Onésimo como hermano en el Señor, no como esclavo (v. 16).

Consideración especial

Aunque Pablo, hasta donde sabemos nunca hizo un llamado

Epístola de Pablo a Filemón

ENFOQUE	Oración de acción de gracias por Filemón	Petición de Pablo por Onésimo	Promesa de Pablo a Filemón
REFERENCIAS	1	8	17 25
DIVISIÓN	Elogio de la vida de Filemón	Intercesión por Onésimo	Confianza en la obediencia de Filemón
TEMA	Alabanza de Filemón	Ruego de Pablo	Promesa de Pablo
	Carácter de Filemón	Conversión de Onésimo	Confianza de Pablo
LOCALIZACIÓN	Roma		
TIEMPO	c. 60-61 d.C.		

para acabar con la esclavitud, la epístola a Filemón puso el hacha en la raíz de esa cruel y deforme institución, y a cualquier forma de tratar a los individuos como una posesión y no como personas.

Síntesis de Filemón

Oración de acción de gracias por Filemón (vv. 1-7)

Al escribir esta carta como «prisionero de Jesucristo», Pablo la dirige personalmente a Filemón, a su familia y a la iglesia que se reúne en la casa de Filemón, con una oración de acción de gracias por la fe y el amor de Filemón.

Petición de Pablo por Onésimo (vv. 8-16)

Pablo basa su llamado en el carácter de Filemón y se niega a ordenarle que perdone y reciba a Onésimo. Por el contrario, procura persuadir a su amigo sobre su responsabilidad cristiana de perdonar como Cristo lo perdonó. Pablo exhorta a Filemón que no castigue a Onésimo, sino que lo reciba, «no ya como esclavo», sino «como hermano amado» (v. 16).

Promesa de Pablo a Filemón (vv. 17-25)

Pablo pone la deuda de Onésimo a su cuenta, pero luego recuerda a Filemón la mayor deuda espiritual que Filemón mismo tiene con él como convertido a Cristo (vv. 17-19).

Pablo concluye esta discreta epístola con una petición llena de esperanzas (v. 22), saludos de sus compañeros (vv. 23,24), y una bendición (v. 25). El hecho que la epístola se haya conservado indica una respuesta favorable de Filemón a los ruegos de Pablo.

Bosquejo de Filemón

NUEVE

EPÍSTOLAS UNIVERSALES

◆

Estas ocho epístolas ejercen una influencia que no tiene proporción con su extensión, que es menos del diez por ciento del Nuevo Testamento. Son un suplemento a las trece epístolas paulinas al ofrecer una perspectiva distinta sobre las riquezas de la verdad cristiana. La expresión epístolas universales aparece en Reina Valera en los títulos de Santiago, 1 y 2 Pedro, 1 Juan y Judas, pero no se usó en los manuscritos más antiguos. Estas epístolas no fueron dirigidas a iglesias o individuos específicos, y se conocen como las epístolas generales o «católicas» (universales). El libro de Apocalipsis es la culminación del Nuevo Testamento y de la Biblia como un todo, puesto que completa la historia que comenzó en Génesis.

EPÍSTOLAS UNIVERSALES	
LIBRO	**RESUMEN**
Hebreos	Presentación de Jesús como sumo sacerdote, dirigida a creyentes judíos
Santiago	Instrucciones prácticas para el cristianismo aplicado
1 Pedro	Aliento y consuelo de Pedro para los cristianos que sufren
2 Pedro	Advertencia de Pedro contra los falsos maestros

1 Juan	Recordatorio de Juan acerca de la humanidad de Cristo
2 Juan	Carta de aliento de Juan
3 Juan	Nota personal de aprecio de Juan
Judas	Fuerte advertencia contra los falsos maestros
Apocalipsis	Alentadora profecía sobre los últimos días y el triunfo final de Dios

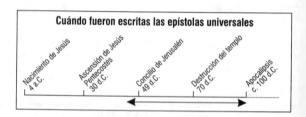

Cuándo fueron escritas las epístolas universales

Nacimiento de Jesús 4 a.C.

Ascensión de Jesús Pentecostés 30 d.C.

Concilio de Jerusalén 49 d.C.

Destrucción del templo 70 d.C.

Apocalipsis c. 100 d.C.

Epístola a los Hebreos

Autor y fecha

Aparte de 1 Juan, la epístola a los Hebreos es la única epístola del Nuevo Testamento que no tiene saludo ni identificación de su autor. Los dos candidatos más probables son Apolo y Bernabé: Apolo porque era un elocuente judío alejandrino que conocía bien las Escrituras (Hch 18.24), y Bernabé porque era levita (Hch 4.36). La carta puede ser fechada algún tiempo antes del año 70 d.C. El único indicio del lugar donde se escribió Hebreos se encuentra en la declaración final: «los de Italia os saludan» (13.24).

‚óÜ

CLAVES DE HEBREOS

Palabra clave: *Superioridad de Cristo*

El tema básico de Hebreos se encuentra en la palabra *mejor*, que describe la superioridad de Cristo en su persona y obra (1.4; 6.9; 7.7, 19, 22; 8.6; 9.23; 10.34; 11.16, 35, 40; 12.24). También se destacan las palabras *perfecto* y *celestial*. Ofrece una mejor revelación, posición, sacerdocio, pacto, sacrificio y poder.

Versículos claves: *Hebreos 4.14-16 y 12.1, 2*

Capítulo clave: *Hebreos 11*

El salón de la fama de las Escrituras está en Hebreos 11 y registra a quienes estuvieron dispuestos a tomarle la palabra a Dios aun cuando no había otra cosa a qué aferrarse excepto a sus promesas.

‚óÜ

Esto podría indicar que el autor estaba escribiendo desde Italia, presumiblemente, Roma.

Marco histórico

El uso repetido de citas e imágenes del Antiguo Testamento en Hebreos sugieren que la gente que la recibió tenía un trasfondo judío. Las continuas advertencias contra la incredulidad espiritual revelan que los lectores de esta epístola estaban a punto de renunciar a la fe cristiana para volver a sus antiguos caminos en el judaísmo (2.1-4; 3.7—4.14; 5.12—6.20; 10.19-39; 12.12-29).

Contribución teológica

En un espíritu similar a la defensa de Esteban ante el Sanedrín judío (Hch. 7), Hebreos se lanza en la demostración que el cristianismo es superior al judaísmo, debido a la persona de Jesucristo, que es el Hijo de Dios, el Gran Sumo Sacerdote, autor y consumador de la salvación. Cristo está en la cumbre de la revelación, superior a los ángeles (1.1—2.9) y a Moisés (3.1-6). Es el Hijo de Dios, resplandor de su gloria, imagen misma de la sustancia y esencia de Dios (1.3). Todas las revelaciones aparecidas antes de Jesús eran solo sombras o figuras de lo que se manifestaría en él.

Consideración especial

Hay dos pasajes en Hebreos que suelen confundir a los cristianos. En 6.4-6 y 10.26 el autor advierte que si una persona se aparta voluntariamente de la comunión con Cristo, ya no puede ser perdonada. La intención de estos versículos es hacer que los creyentes recuerden el gran costo de la gracia de Dios y tomen con mucha seriedad su profesión de fe, no es ocasionar que los creyentes duden de su salvación. La columna vertebral de esta epístola es lo definitivo de Cristo para la salvación.

Síntesis de Hebreos

Superioridad de la persona de Cristo (1.1—4.13)

En lugar de la acostumbrada salutación, esta epístola entra de lleno en su tema: la supremacía de Cristo aun sobre los profetas del Antiguo Testamento (1.1-3). El cristianismo se edifica sobre las formas más elevadas de la revelación divina: la revelación personal de Dios por medio de su Hijo encarnado. En consecuencia, Cristo es superior a los profetas; también es mayor que los ángeles, los mediadores de la Ley de Moisés (1.4—2.18; véanse Hch 7.53; Heb 2.2). Esto se ve en su nombre, su posición, su adoración por los ángeles y su encarnación. El Hijo de Dios participó de carne y sangre y fue hecho semejante a sus hermanos en todas las cosas (2.17) para llevar a muchos hijos a la gloria (2.10).

Cristo es también superior a Moisés (3.1-6), pues Moisés era siervo en la casa de Dios, pero Cristo es el Hijo sobre la casa de Dios. Debido a estas verdades, los lectores son llamados a evitar el juicio divino que cae sobre la incredulidad (3.7—4.13). La incredulidad impidió que la generación del Éxodo llegara a ser la generación de la conquista, y el reposo ofrecido por Cristo es mucho mayor que el que fue provisto por Josué.

Superioridad de la obra de Cristo (4.14—10.18)

El sumo sacerdocio de Cristo es superior al de Aarón (4.14—7.28). Cristo no era levita, pero pertenecía a un sacerdocio mayor según el orden de Melquisedec (7.9-10); Melquisedec, a diferencia de Aarón, era único. No tuvo antecesores ni sucesores. En consecuencia fue sacerdote para siempre, como el Hijo de Dios (7.1-3). Como resultado de ser como Melquisedec, Jesús inauguró un pacto nuevo y mejor (8.1-13).

El nuevo pacto hizo que el antiguo se hiciera obsoleto (8.6-13). A diferencia de los sacerdotes anteriores, se ofreció él mismo como sacrificio sin pecado y voluntario de una vez y para siempre (9.1—10.18).

Una advertencia entre paréntesis en 5.11—6.20 exhorta a los lectores a «ir adelante a la perfección», yendo más allá de los rudimentos de la salvación y del arrepentimiento.

Superioridad del andar en la fe del Cristiano (10.19—13.25)

El autor aplica lo que ha estado diciendo acerca de la superioridad de Cristo y advierte a sus lectores el peligro de desechar su fe en Cristo (10.19-39). La fe que los lectores deben conservar se define en 11.1-3 y se ilustra en 11.4-40. Como Jesús soportó grandes hostilidades, los que creen en él tendrán que soportar la disciplina divina por amor a la santidad (12.1-29).

Se advierte a los lectores que no se aparten de Cristo en tales momentos, sino que pongan su esperanza en él. El carácter de sus vidas debe ser conformado por su dedicación a Cristo (13.1-19), y esto se manifestará en su amor mutuo, pro la hospitalidad, la preocupación, la pureza, el contentamiento y la obediencia. El autor concluye la epístola con una de las más hermosas bendiciones de la Escritura (13.20, 21) y algunas palabras personales (13.22-25).

Epístola a los Hebreos

ENFOQUE	Persona de Cristo			Obra de Cristo			Caminar en fe		
REFERENCIAS	1.1 ⋯⋯1.4 ⋯⋯3.1 ⋯⋯4.14 ⋯⋯8.1 ⋯⋯9.1 ⋯⋯10.19 ⋯⋯12.1 ⋯⋯13.1 ⋯13.25								
DIVISIÓN	Cristo superior a los profetas	Cristo superior a los ángeles	Cristo superior a Moisés	Sacerdocio	Pacto	Santuario y sacrificio	Seguridad de la fe	Resistencia de la fe	Exhortación al amor
TEMA	Majestad de Cristo			Ministerio de Cristo			Ministros para Cristo		
	Doctrina						Disciplina		
LOCALIZACIÓN	Se desconoce el lugar donde fue escrito								
TIEMPO	c. 64-68 d.C.								

Bosquejo de Hebreos

Epístola de Santiago

Autor y fecha

El autor se identifica como «Santiago, siervo de Dios y del Señor Jesucristo» (1.1). En el Nuevo Testamento aparecen por lo menos cinco personajes llamados Jacobo (Santiago). Ninguno de ellos tiene un argumento más sólido de ser el autor de esta epístola que Jacobo, el hermano del Señor. Aparentemente no fue apóstol ni discípulo durante la vida de Jesús; se le menciona por primera vez en Marcos 6.3, donde encabeza la lista (el mayor) de los cuatro hermanos menores de Jesús. Después de la ascensión de Jesús, Jacobo surge como líder en la iglesia de Jerusalén (Hch 15.13; 1 Co 15.7; Gl 2.9); posición que debe haber ocupado durante unos 30 años, hasta que sufrió el martirio, según la tradición de la iglesia.

La epístola debe haber sido escrita cuando las cartas de Pablo ya estaban en circulación, porque el énfasis de Santiago sobre las obras podría tener la intención de equilibrar el énfasis de Pablo sobre la fe. Esto pondría la fecha de la carta en los alrededores del año 60 d.C.

Marco histórico

Santiago dirige la epístola «a las doce tribus que están en la dispersión» (1.1). Esto implica que había lectores judíos cristianos

◆

CLAVES DE SANTIAGO

Palabra clave: *La fe que obra*

Santiago desarrolla el tema de las características de la verdadera fe, y las usa como una serie de pruebas para ayudar a sus lectores a evaluar la calidad de su relación con Cristo.

Versículos clave: *Santiago 1.19-22 y 2.14-17*

Capítulo clave: *Santiago 1*

Uno de los aspectos más difíciles de la vida cristiana es el de las pruebas y tentaciones. Santiago revela nuestra correcta respuesta a ambos: en cuanto a las pruebas, tenerlas por sumo gozo; en cuanto a las tentaciones, entender que Dios no es la fuente de ellas.

◆

que vivían fuera de Palestina. Sin embargo, en otro lugar de la epístola Santiago se refiere a trabajadores a jornal (5.4), y esto localiza a su audiencia en Palestina. En la época de Santiago solo en Palestina los agricultores contrataban labradores a jornal en vez de usar los esclavos para esos trabajos, como era la costumbre en otros lugares.

Contribución teológica

La epístola de Santiago es una carta sólida y compacta sobre religión práctica. Para Santiago, la prueba real de la verdadera religión está más en hacer que en oír, «creer» o hablar. En este respecto Santiago se hace eco de la enseñanza ética de Jesús, especialmente según se registra en el Sermón del Monte (Mt 5—7).

Consideración especial

Algunos comentaristas bíblicos sugieren que Santiago y Pablo difieren en sus puntos de vista sobre la importancia salvadora de la fe y las obras. Pablo afirma que «el hombre es justificado por la fe, sin las obras de la ley» (Ro 3.28), y Santiago dice: «el hombre es justificado por las obras y no solo por la fe» (Stg 2.19). Sin embargo, una lectura más cuidadosa de ambos textos revela que difieren más en su definición de fe que en su esencia. Santiago le escribe a lectores que se inclinan más a interpretar la fe como un reconocimiento puramente intelectual (2.19). Como consecuencia enfatiza que una fe que no afecta la vida no es fe salvadora; eso explica su énfasis en las obras. De hecho, esto se acerca mucho al entendimiento de Pablo. Para Pablo la fe es entregar toda la vida a Dios por medio de Cristo, y el resultado es que la vida de una persona es renovada con el «fruto del Espíritu» (5.22)

Síntesis de Santiago

La prueba de la fe (1.1-18)

Después de un saludo de un versículo a los geográficamente dispersos hebreos cristianos (1.1), Santiago introduce rápido su primer tema: la prueba externa de la fe (1.2-12). Estas pruebas tienen el propósito de producir madurez y un sentido de dependencia de Dios. Las tentaciones internas (1.13-18) no vienen de quien da «toda buena dádiva» (1.17).

Las características de la fe (1.9—5.6)

La respuesta de un justo a la prueba exige que uno sea «pronto para oír, tardo para hablar, tardo para airarse» (1.19), y esto es un resumen general del resto de la epístola. La prontitud para oír involucra una respuesta obediente a la palabra de Dios (1.19-27). Una fe genuina debe producir un cambio en la actitud desde la parcialidad del rico al amor a los pobres y al rico (2.1-13). La fe debe resultar además en acciones (2.14-26). Pasando de las obras a las palabras, Santiago muestra que solo el poder de Dios aplicado por una fe activa puede domar la lengua (3.1-12). Este espíritu de sumisión y humildad debiera aplicarse a cualquier intento de acu-

Epístola de Santiago

ENFOQUE	La prueba de la fe	Las características de la fe		El triunfo de la fe		
REFERENCIAS	1.1 ·········· 1.13	·········· 1.19	·········· 5.7	·········· 5.13	·········· 5.19 ·········· 5.20	
DIVISIÓN	Propósito de las pruebas	Fuente de la tentación	Demostración externa de la fe interior	Espera con paciencia	Ora por el afligido	Confronta el pecado
TEMA	Desarrollo de la fe		Obras de fe	Poder de la fe		
	Respuesta de la fe		Realidad de la fe	Seguridad de la fe		
LOCALIZACIÓN	Probablemente Jerusalén					
TIEMPO	c. 40-60 d.C.					

mular riquezas (4.13-17), especialmente porque la riqueza puede
conducir al orgullo, la injusticia y el egoísmo (5.1-6).

El triunfo de la fe (5.7-20)

Santiago anima a sus lectores que soporten con paciencia el sufrimiento de la vida presente en vista de la perspectiva futura de la
venida del Señor (5.7-12) y concluye la epístola con palabras prácticas de oración y restauración (5.13-20). La oración del justo (e.g.,
los ancianos de la iglesia local) es eficaz para la sanidad y restauración de los creyentes. Cuando no se trata el pecado, puede contri-
buir a la enfermedad y aun a la muerte.

Bosquejo de Santiago

I.	**La prueba de la fe**	**1.1-18**
	A. Propósito de las pruebas	1.-12
	B. Fuente de las tentaciones	1.13-18
II.	**Las características de la fe**	**1.9—5.6**
	A. La fe obedece la Palabra	1.19-27
	B. La fe quita la discriminación	2.1-13
	C. La fe se prueba por las obras	2.14-26
	D. La fe controla la lengua	3.1-12
	E. La fe produce sabiduría	3.13-18
	F. La fe produce humildad	4.1-12
	G. La fe produce dependencia en Dios	4.13—5.6
III.	**El triunfo de la fe**	**5.7-20**
	A. La fe espera pacientemente la venida de Cristo	5.7-12
	B. La fe ora por los afligidos	5.13-18
	C. La fe confronta al hermano extraviado	5.19-20

Primera Epístola de Pedro

◆

CLAVES DE PRIMERA DE PEDRO

Palabra clave: *Sufrimiento por la causa de Cristo*

El tema básico de 1 de Pedro es la respuesta adecuada al sufrimiento cristiano. Al saber que sus lectores enfrentarán más persecución que nunca antes, Pedro escribe para dar una perspectiva divina y de esta manera sean capaces de soportar sin titubear.

Versículos clave: *1 Pedro 1.10-12 y 4.12, 13*

Capítulo clave: *1 Pedro 4*

El capítulo 4 de 1 de Pedro es fundamental en la revelación del Nuevo Testamento sobre el modo de enfrentar la persecución y el sufrimiento causado por el testimonio cristiano de una persona. El sufrimiento de Cristo es nuestro modelo (4.1, 2), pero además debemos regocijarnos en que podemos compartir los sufrimientos con Jesús (4.12-14).s

◆

Autor y fecha

Primera de Pedro identifica a su autor como «Pedro, apóstol de Jesucristo» (1.1), pero como antiguo ayudante del apóstol Pablo, y como persona cuyo idioma nativo era el griego, Silvano quizás haya tenido un papel importante en la terminación de la epístola. Podríamos decir que la idea de 1 Pedro es de Pedro, pero la redacción es de Silvano. La referencia a «Babilonia» (5.13), imagen frecuente del poder civil como opuesto a Dios, indica que la epístola fue escrita desde Roma.

Marco histórico

Primera de Pedro se dirige a los cristianos que viven «en el Ponto, Galacia, Capadocia, Asia y Bitinia» (1.1), lugares en las regiones norte y occidental de Asia Menor (Turquía moderna). Los lectores parecen haber sido gentiles (1.14, 18; 2.10; 4.3), aunque quizás no habían sido evangelizados personalmente por Pedro (1.12).

Contribución teológica

Primera de Pedro fue escrita por alguien que sentía el resultado triunfante del propósito de Dios para el mundo (1.4). El triunfo en el futuro no depende de ninguna manera de lo que hayamos hecho, sino de la resurrección de Jesucristo. Puesto que Dios resucitó a Jesucristo de entre los muertos, Dios es el merecedor de la alabanza; porque «según su grande misericordia nos hizo renacer para una esperanza viva» (1.3).

Síntesis de Primera de Pedro

La salvación del creyente (1.1—2.12)

Al dirigir su carta a creyentes de diversas provincias romanas, Pedro describe brevemente la obra salvadora de la Trinidad en su saludo (1.1, 2). Luego alaba a Dios por las riquezas de esta salvación y mira en tres direcciones temporales (1.3-12). Primero, Pedro espera la realización futura de la multiforme herencia cristiana (1.3-5). Segundo, mira el gozo presente que esta esperanza viva produce a pesar de las diversas pruebas (1.6-9). Tercero, reflexiona sobre los profetas del pasado que predijeron el evangelio de la gracia de Dios en Cristo (1.10-12).

La respuesta adecuada a esta salvación es la búsqueda de la santificación o la santidad del creyente (1.13—2.10). Pedro exhorta a sus lectores a que deseen «como niños recién nacidos, la leche espiritual no adulterada, para que por ella crezcáis» (2.2)

La sumisión del creyente (2.13—3.12)

La sumisión, por amor al Señor, de quienes tienen autoridad gubernamental (2.13-17) y social (2.18-20) promueve un buen testimonio hacia los de afuera. Antes de pasar a la sumisión en la relación matrimonial (3.1-7), Pedro retoma el tema del sufrimiento con Cristo como el modelo supremo: sufrió sin pecado, silenciosamente y como sustituto para la salvación de otros (2.21-25; cf. Is. 52.13—53.12). Pedro resume su llamado a la sumisión cristiana y a la humildad en 3.8-12.

El sufrimiento del creyente (3.13—5.14)

Pedro anima a sus lectores a que estén preparados para defender su fe de un modo inteligente y con gracia (3.13-16). Tres veces les dice que si tienen que sufrir, debe ser por amor a la justicia y no como resultado de una conducta pecaminosa (3.17; véase 2.20; 4.15, 16). El final de este capítulo es un pasaje extremadamente difícil de interpretar, y se han dado varias opciones. Los versículos 19 y 20 pueden significar que durante el período entre su muerte y su resurrección, Cristo se dirigió a los espíritus demoníacos o espíritus de aquellos que vivieron antes del diluvio. Otra interpretación es que Cristo predicó por medio de Noé a sus contemporáneos de antes del diluvio.

Como creyentes en Cristo, los lectores ya no deben buscar las concupiscencias de la carne como lo hacían antes, sino más bien la voluntad de Dios (4.1-6). En vista de las penurias, Pedro les exhorta a ser firmes en su amor mutuo y a ejercer los dones espirituales en el poder de Dios para ser edificados (4.7-11).

No deben sorprenderse cuando son vituperados y padecen por su fe porque el Dios soberano tiene un propósito en todas las cosas, y el tiempo del juicio vendrá cuando su nombre y todos los que confían en él sean vindicados (4.12-19).

En una palabra especial dirigida a los ancianos de las iglesias en esas provincias romanas, Pedro los llama a ser pastores diligentes y que con gentileza cuiden la grey que ha sido divinamente puesta

Primera Epístola de Pedro

ENFOQUE	La salvación del creyente		La sumisión del creyente	El sufrimiento del creyente			
REFERENCIAS	1.1 ·········· 1.13 ··········		2.13 ··········	3.13 ·········· 3.18 ··········	4.7 ··········	5.1 ·········· 5.14	
DIVISIÓN	Salvación del creyente	Santificación del creyente	Gobierno, matrimonio y todo lo de la vida	Conducta en el sufrimiento	Cristo, ejemplo de sufrimiento	Mandatos en el sufrimiento	Ministerio en el sufrimiento
TEMA	Creencia de los cristianos		Conducta de los cristianos	El sufrimiento de los cristianos			
	Santidad		Armonía	Humildad			
LOCALIZACIÓN	Roma o Babilonia						
TIEMPO	c. 63-64 d.C.						

bajo su cuidado (5.1-4). A los lectores como un todo les dice que se vistan de humildad los unos para con los otros y hacia Dios y que este los exaltará cuando fuere tiempo (5.5-7). Deben resistir al adversario con el conocimiento seguro que será realizado el llamamiento de Dios a la gloria eterna en Cristo (5.8-11). Pedro termina su epístola con la afirmación de su tema («la verdadera gracia de Dios») y manda saludos y una bendición (5.12-14).

Bosquejo de Primera de Pedro

Segunda Epístola de Pedro

Primera de Pedro trata problemas externos; Segunda de Pedro trata con problemas interiores. Pedro escribe para advertir a los creyentes contra los falsos maestros que trafican en perjuicio de la doctrina. Comienza pidiéndoles que vigilen de cerca sus propias vidas. La vida cristiana exige diligencia en la búsqueda de la excelencia moral, el conocimiento, el dominio propio, la perseverancia, la piedad, el amor fraternal y el amor sin egoísmo. Aunque Dios puede ser paciente para enviar el juicio, finalmente el momento llegará. Al considerar ese hecho, los creyentes deben vivir piadosa, intachable y perseverantemente.

Autor, fecha y marco histórico

Aunque la epístola afirma que procede del apóstol Pedro (1.1; 3.1-2), quien fue testigo de la transfiguración de Cristo (1.18) y que al momento de escribir se aproximaba a su muerte (1.14), pocos teólogos sostienen que Pedro haya escrito la carta. En cambio, 2 Pedro pudo haber sido escrita por un autor anónimo, pero alguien la atribuyó a Pedro para asegurarse que la gente oyera el mensaje en un período posterior a la muerte de este. Dado que no menciona a quienes se dirige, es probablemente que 2 Pedro haya sido una carta para lectores en general.

Contribución teológica

Segunda de Pedro cambia el énfasis de una esperanza por la

CLAVES DE SEGUNDA DE PEDRO

Palabra clave: *Guardaos de los falsos maestros*

El tema básico de 2 de Pedro es el conocimiento y práctica de la verdad en contraste con la falsedad.

Versículos clave: *2 Pedro 1.20, 21 y 3.9-11*

Capítulo clave: *2 Pedro 1*

El pasaje más claro en definir la relación que hay entre Dios y el hombre en el asunto de la inspiración está en 1.19-21. De esta porción surgen con claridad tres principios:

(1) Que la interpretación de la Escritura no se limita a un grupo selecto, sino que está abierta para todo aquel que «usa [divide] bien la Palabra de verdad» (2 Ti 2.15);

(2) Que el profeta divinamente inspirado no produce la Escritura por iniciativa personal; y

(3) Que el Espíritu Santo —no la emoción o circunstancia del momento— movió a los santos hombres.

◆

cual uno puede vivir a una esperanza con que se puede contar. La epístola habla de la seguridad de la salvación en el capítulo 1 y hace la extraordinaria afirmación que los cristianos son «participantes de la naturaleza divina» (1.4). El capítulo 2 trata de los falsos maestros. Sin embargo, la contribución específica de 2 Pedro se encuentra en el capítulo 3. Dios no retarda la venida del «día del Señor» por falta de poder o de preocupación. Más bien, es paciente, «no queriendo que ninguno se pierda sino que todos procedan al arrepentimiento» (3.9).

Síntesis de Segunda de Pedro

El cultivo del carácter cristiano (cap. 1)

El saludo de Pedro (1.1, 2) es una introducción al tema principal del capítulo 1, esto es, el verdadero conocimiento de Jesucristo. Se recuerda a los lectores que tienen «preciosas y grandísimas promesas» gracias a su llamamiento a la fe en Jesucristo (1.3, 4). Han sido sacados de la corrupción del mundo a la conformidad con Cristo, y Pedro les llama a progresar armando una cadena de ocho virtudes cristianas desde la fe al amor (1.5-7). Si el creyente no convierte la profesión en práctica, se hace espiritualmente inútil y pervierte el propósito para el cual fue llamado (1.8-11).

Esta carta fue escrita no mucho antes de la muerte de Pedro (1.14) para recordar a los creyentes las riquezas de su posición en Cristo y su responsabilidad de aferrarse a la verdad (1.12-21). La descripción bíblica más clara del proceso divino humano de la inspiración se encuentra en 1.21: «sino que los santos hombres de Dios hablaron siendo inspirados por el Espíritu Santo».

Condenación de los falsos maestros (cap. 2)

El planteamiento de Pedro acerca de la verdadera profecía lo lleva a una denuncia extensa de la falsa profecía en las iglesias. Los falsos maestros eran especialmente peligrosos porque surgieron dentro de la iglesia y minaron la confianza de los creyentes (2.1-3). La extensa descripción que Pedro hace del carácter de los falsos maestros (2.10-22) denuncia la vanidad y corrupción de sus estrategias.

Confianza en la Segunda Venida de Cristo (cap. 3)

En los últimos tiempos habrá burladores que afirmarán que Dios no interviene con su poder en los asuntos del mundo, pero Pedro llama la atención hacia dos acontecimientos catastróficamente inducidos en el pasado y uno en el futuro: la creación, el diluvio y la disolución de los cielos y la tierra actuales (1.3-7). La perspectiva de Dios sobre el paso del tiempo es diferente de la de los hombres, y la aparente tardanza de la parusía se debe a su pa-

Segunda Epístola de Pedro

ENFOQUE	El cultivo del carácter cristiano			Condenación de los falsos maestros			Confianza en la Segunda Venida de Cristo	
REFERENCIAS	1.1 ·········· 1.15 ··········			2.1 ·········· 2.4 ·········· 2.10 ··········			3.1 ·········· 3.8 ·········· 3.18	
DIVISIÓN	Crecimiento en Cristo	Base de la creencia	Peligro	Destrucción	Descripción	Burladores en los últimos tiempos	El día del Señor	
TEMA	Verdadera profecía			Falsos profetas		Profecía: el Día del Señor		
	Santidad			Herejía		Esperanza		
LOCALIZACIÓN	Probablemente Roma							
TIEMPO	c. 64-66 d.C							

ciencia en espera que más individuos lleguen al conocimiento de
Cristo (3.8-9). Cuando llegue el día de la consumación, toda la
materia del universo de pronto se transformará en energía a partir
de la cual Dios creará un nuevo cosmos (3.10-13).

A la luz del venidero día del Señor, Pedro exhorta a sus lectores
que lleven vidas de santidad, perseverancia y crecimiento
(3.14-18). Menciona las cartas del «amado hermano Pablo» y las
pone en el mismo nivel de las Escrituras del Antiguo Testamento
(3.15, 16). Después de una advertencia final acerca del peligro de
los falsos maestros, la epístola termina con un llamado al crecimiento y una doxología.

Bosquejo de Segunda de Pedro

Primera Epístola de Juan

◆

CLAVES DE PRIMERA DE JUAN

Palabra clave: Comunión con Dios

El tema principal de 1 Juan es la comunión con Dios. Juan quiere que sus lectores tengan la seguridad de que Dios mora en ellos por medio de una relación permanente con él (2.28; 5.13). La fe en Cristo se debe manifestar en la justicia práctica y el amor a los hermanos, que a su vez produce gozo y confianza delante de Dios.

Versículos clave: *1 Juan 1.3, 4 y 5.11-13*

Capítulo clave: *1 Juan 1*

Los dos pasajes fundamentales para una comunión permanente con Dios son Juan 15 y 1 Juan 1. Juan 15 se relaciona con el aspecto positivo de la comunión, esto es, permanecer en Cristo. Primera de Juan 1 desarrolla el otro aspecto, y señala que cuando los cristianos no permanecen en Cristo, deben buscar el perdón antes que la comunión sea restablecida.

◆

Autor y fecha

Aunque 1, 2 y 3 de Juan fueron escritas en forma anónima, el autor escribe en forma afectuosa a sus lectores y los trata como «hijitos» y se refiere a sí mismo como «el anciano» (2 Jn 1; 3 Jn 1). Debe haber sido bien conocido y muy amado por aquellos a quienes escribió. La inclusión del testimonio personal (1 Jn 1.1-4) indica que es probable que el anciano sea el mismo apóstol Juan. Las epístolas probablemente fueron escritas desde Éfeso a fines del primer siglo.

Marco histórico

Primera de Juan no tiene ninguno de los rasgos habituales en una epístola: no hay salutación, no identifica al autor, no envía saludos y no hay referencia a personas, lugares ni acontecimientos. Irónicamente, aunque el formato es impersonal, como un sermón o un tratado, su tonalidad es cálida y personal. Esto sugiere que fue escrita a una extensa audiencia (probablemente en Éfeso y en sus alrededores) que era muy amada por el apóstol.

Contribución teológica

Como el evangelio de Juan, las epístolas de Juan se fundamentan en los principios del amor, la verdad, el pecado, el mundo, la vida, la luz y el Espíritu Santo. Las epístolas de Juan enfatizan los grandes temas de conocer, creer, andar y permanecer. La piedra angular en el arco del evangelio es que Dios apareció en forma humana (1.1-4). La encarnación es vida (1.2); y esta vida está disponible en el Hijo de Dios, Jesucristo (5.11). La comunión con Dios se da al conocer a Dios y permaneciendo en él: unido a él en justicia (2.29), verdad (3.19), y especialmente en amor (4.7-8).

Consideración especial

Muchos cristianos se cuestionan sobre la declaración de Juan: «Todo aquel que permanece en él, no peca» (3.6). Esto no significa que si alguien peca no es cristiano. En realidad en estas epístolas se nos dice que Cristo vino para perdonar pecados; y se nos exhorta a confesarle nuestras faltas (1.6—2.2; 3.5; 4.10). La afirmación significa que Cristo nos ha transferido de muerte a vida y nos hace partícipes de la naturaleza de Dios. En consecuencia, ya no estamos confinados a las tinieblas, porque Jesucristo ha destruido el poder del pecado sobre nuestras vidas (3.8).

Síntesis de Primera de Juan

La base de la comunión (1.1—2.27)

El prólogo de Juan recuerda el comienzo del contacto apostólico con Cristo. Nos cuenta su deseo de transmitir su testimonio apostólico a sus lectores de modo que puedan participar de la misma comunión con Jesucristo, la personificación de la vida. Esta proclamación va seguida por una descripción de las condiciones de la comunión (1.5—2.14).

Los pecados de los lectores han sido perdonados y disfrutan de la comunión con Dios. Como resultado, conocen «al que es desde el principio» y han sido fortalecidos para vencer las tentaciones del maligno (2.12-14). Las exhortaciones a la comunión son prácticas (2.15-17) y doctrinales (2.18-23). El antídoto contra las enseñanzas heréticas es permanecer en las verdades apostólicas que han «oído desde el principio», las cuales se vuelven auténticas por la unción que han recibido (2.24-27).

La conducta de la comunión (2.28—5.21)

El tema básico de 1 de Juan se resume en 2.28: seguridad al permanecer en Cristo. Los versículos siguientes introducen el tema de la regeneración, y 2.29—3.10 argumenta que la regeneración se manifiesta en la práctica de la justicia. Dado que somos hijos de Dios por medio de la fe en Cristo, tenemos la firme esperanza de ser conformados completamente a su imagen cuando aparezca (3.1-3). Nuestra actual semejanza a Cristo nos coloca en una posición incompatible con el pecado, pues el pecado es contrario a la persona y obra de Cristo (3.4-6). Cuando el creyente peca, no refleja al hombre regenerado sino a Satanás, quien es el pecador desde el principio (3.7-10). La justicia se manifiesta en el amor (3.10-23). El apóstol usa el ejemplo de Caín para ilustrar lo que no es el amor y a Cristo para ilustrar lo que es el amor.

En 3.24, Juan introduce dos temas importantes que se desarrollan en 4.1-16: la permanencia de Dios en el creyente y el Espíritu Santo como marca de esa permanencia. El Espíritu de Dios confiesa a Cristo encarnado y confirma la doctrina apostólica (4.1-6).

Primera Epístola de Juan

ENFOQUE	La base de la comunión		El comportamiento de la comunión
REFERENCIAS	1.1 ···2.15 ·······················2.28 ····················5.4 ··5.21		
DIVISIÓN	Condiciones para la comunión	Precauciones para con la comunión	Características de la comunión · Consecuencia de la comunión
TEMA	Significado de la comunión		Andar en la luz de Dios
	Manifestaciones de la comunión		Permanecer en el amor de Dios
LOCALIZACIÓN	Escrita desde Éfeso		
TIEMPO	c. 90 d.C.		

la mutua permanencia, del creyente en Dios y de Dios en el creyente se manifiesta en el amor hacia los demás, y este amor produce una comunión humana y divina que es testimonio y reflejo de la realidad de la encarnación (4.7-16). Además espera la comunión perfecta que vendrá y crea la disposición a ver cara a cara a aquel de quien deriva todo amor (4.17-19).

Juan une los conceptos que ha presentado en una cadena circular de seis eslabones: amor, obediencia, fe, Cristo, testimonio, oración. El epílogo (5.18-21) resume las conclusiones de la epístola en una serie de convicciones:

1) El pecado es una amenaza contra la comunión y debe considerarse como ajena a la posición del creyente en Cristo (cf. Ro. 6).

2) El creyente se mantiene con Dios contra el sistema satánico del mundo.

3) La encarnación produce verdadero conocimiento y comunión con Cristo.

Bosquejo de Primera de Juan

Segunda Epístola de Juan

◆

CLAVES DE SEGUNDA DE JUAN

Palabra clave: Evita la comunión con maestros falsos

El tema básico de esta breve carta es la firmeza en la práctica y pureza de la doctrina apostólica que los lectores han «oído desde el principio» (v. 6).

Versículos clave: *2 Juan 9, 10*

◆

El trasfondo y los temas generales de 2 Juan se discuten bajo Primera de Juan (pp. 326-331)

Síntesis de Segunda de Juan

Permanecer en los mandamientos de Dios (vv. 1-6)

El saludo (vv. 1-3) se centra en el concepto de permanecer en la verdad. El apóstol elogia a sus lectores por andar en la verdad y en

Segunda Epístola de Juan

ENFOQUE	Permanecer en los mandamientos de Dios		No andar con los falsos maestros	
REFERENCIAS	1 ....4 ....5 ....7 ....10 ....12 13			
DIVISIÓN	Saludos	Andar en la verdad	Andar en amor	Doctrina de los falsos maestros	Evitar a los falsos maestros	Bendición
TEMA	Andar en los mandamientos		Vigilancia contra los engañadores	
	Práctica de la verdad		Protección de la verdad	
LOCALIZACIÓN	Escrita desde Éfeso			
TIEMPO	c. 90 d.C.			

obediencia a los mandamientos de Dios (v. 4) y les recuerda que este mandamiento supone la práctica del amor mutuo (vv. 5,6).

No andar con los falsos maestros (vv. 7-13)

Al pasar de la prueba básica de la conducta cristiana (amor a los hermanos) a la prueba básica de la fe cristiana (la persona de Cristo), Juan amonesta a sus lectores que se guarden de los engañadores que «no confiesan que Jesucristo ha venido en carne» (vv. 7-9). En palabras inequívocas, el apóstol ordena a sus lectores que nieguen la más mínima ayuda o estímulo a los maestros itinerantes que promueven un punto de vista erróneo de Cristo (y de la salvación; vv. 10,11).

Esta carta termina con la explicación de su brevedad: Juan anuncia una futura visita en la cual podrá «hablar cara a cara» con sus lectores (v. 12).

Bosquejo de Segunda de Juan

I. Andar en los mandamientos de Dios (vv.		1-6)
A. Salutación		1-3
B. Andar en la verdad		4
C. Andar en amor		5,6
II. No andar con los falsos maestros (vv. 7-13)		
A. Doctrina de los falsos maestros		7-9
B. Evitar a los falsos maestros		10,11
C. Bendición		12,13

Tercera Epístola de Juan

◆

CLAVES DE TERCERA DE JUAN

Palabra clave: *Disfrutar la comunión con los hermanos*

El tema básico de esta carta es gozar de la comunión (hospi-talidad) con los hermanos, en especial con los que se dedican a tiempo completo a la obra cristiana, y perseverar en ella. Esto se compara con la verdad y el espíritu de servicio de Gayo, y el error y egoísmo de Diótrefes.

◆

El trasfondo y los temas generales de 3 Juan se tratan bajo Pri-mera de Juan (pp. 326-331).

Síntesis de Tercera de Juan

Recomendación de Gayo (vv. 1-8)

El «anciano» le escribe a uno de sus amados «hijitos» cuya con-ducta piadosa ha causado gran gozo a los apóstoles (vv. 1-4). El apóstol exhorta a Gayo que siga apoyando a los predicadores iti-nerantes con fidelidad, amor y generosidad (vv. 5-8).

Condenación de Diótrefes (vv. 9-14)

De repente, Juan describe a un hombre cuyas acciones son dia-metralmente opuestas a las de Gayo (vv. 9-11). Diótrefes rechaza y desafía la autoridad apostólica y se niega a recibir a los predica-dores viajeros enviados por el apóstol. Aunque ortodoxo en sus doctrinas, sus malas acciones indican que está ciego hacia las co-sas de Dios.

A modo de contraste, Juan hace un elogio completo de Deme-trio, otro emisario y posible portador de esta carta a Gayo (v. 12).

Tercera Epístola de Juan

ENFOQUE	Elogios para Gayo		Condenación de Diótrefes	
REFERENCIAS	1 ....2........5........		........9........12........13........14	
DIVISIÓN	Saludos	Piedad de Gayo	Generosidad de Gayo	Soberbia de Diótrefes	Elogios para Demetrio	Bendición
TEMA	Espíritu de servicio			Egoísmo		
	El deber de la hospitalidad			El peligro de la altanería		
LOCALIZACIÓN	Escrita desde Éfeso					
TIEMPO	c. 90 d.C.					

Juan expresa su esperanza de una visita personal en sus últimas palabras (vv. 13,14), como lo hizo en 2 Juan.

Bosquejo de Tercera de Juan

Epístola de Judas

◆

CLAVES DE JUDAS

Palabra clave: *Contender por la fe*

La Epístola condena las prácticas de maestros heréticos en la iglesia y aconseja a sus lectores que permanezcan firmes, crezcan en la fe y contiendan por la verdad.

◆

Autor, fecha y marco histórico

El autor de esta epístola se presenta como «Judas, siervo de Jesucristo y hermano de Jacobo» (v. 1). No hay otra identificación, y el Jacobo mencionado es probablemente el hermano del Señor (Gá 1.19). En consecuencia, Judas podría ser también el hermano de Jesús (Judas, Mc 6.3; Mt 13.55), pero no el apóstol (Jud 17). El énfasis en «las palabras que antes fueron dichas por los apóstoles» (v. 17) sugiere que la epístola fue compuesta algún tiempo después que los apóstoles enseñaran, lo que favorece una fecha cercana al final del primer siglo. La epístola de Judas tiene el carácter de un tratado o ensayo breve, escrito para una audiencia cristiana en general (v. 1).

Contribución teológica

Judas escribe como defensor de la fe que «contiende eficazmente por la fe una vez dada a los santos» (v. 3). Los impíos no son paganos ajenos a la iglesia; son falsos maestros de adentro (v. 12). Sin embargo, su asociación con la fe no quiere decir que ellos viven en la fe: los impíos no tienen el Espíritu (v. 19), pero los fieles sí (v. 20); los impíos están reservados para las tinieblas eternas (v. 13), pero los santos tienen vida eterna (v. 21).

Consideración especial

La última palabra sobre el problema de la corrupción en la iglesia la preserva Judas en una memorable bendición. Solo Dios puede guardarnos del error y llevarnos ante su presencia (vv. 24-25).

Síntesis de Judas

Propósito de Judas (vv. 1-4)

Judas dirige su carta a los creyentes «llamados», «santificados» y «guardados», y les desea la triple bendición de misericordia, paz y amor (vv. 1, 2). La nefasta noticia de la invasión de la iglesia por falsos maestros impulsó a Judas a escribir esta oportuna palabra de repudio y advertencia (vv. 3, 4).

Descripción de los falsos maestros (vv. 5-16)

Judas inicia su extensa denuncia de los maestros apóstatas ilustrando su condenación final con tres ejemplos de juicio divino tomados del Pentateuco (vv. 5-7).

Libro de Apocalipsis

ENFOQUE	«Las cosas que has visto»	«Las cosas que son»	«Las cosas que han de ser después de estas»		
REFERENCIAS	1.1 ....2.1 ....4.1 ....6.1 ....19.7 ....20.1 ....21.1 ....22.21				
DIVISIÓN	El Señor Jesucristo	Siete Iglesias	El Juez	Tribulación	Segunda Venida	Milenio	Estado eterno
TEMA	Visión de Cristo		Visión de la consumación			
	Teofanía	Mensajes	Tribulaciones	Trompetas	Juntos
LOCALIZACIÓN	Escrita en la Isla de Patmos				
TIEMPO	c. 81-96 d.C.				

Como animales irracionales, estos apóstatas se dejan gobernar por lo que maldicen y son destruidos por lo que practican (vv. 8-10). Aun el arcángel Miguel es más cuidadoso que estos hombres arrogantes en sus tratos con las potestades superiores. Los compara con tres hombres rebeldes de Génesis (Caín) y Números (Balaam y Coré) que incurrieron en la condenación de Dios (v. 11). Los versículos 12 y 13 resumen sucintamente su carácter con cinco metáforas de la naturaleza altamente descriptivas. Después de afirmar el juicio de Dios sobre tales impíos con una cita del libro no canónico de Enoc (vv. 14, 15), Judas cataloga algunas de sus prácticas (v. 16).

Defensa contra los falsos maestros (vv. 17-23)

Esta carta ha denunciado a los maestros apóstatas (vv. 8, 10, 12, 14, 16), pero ahora Judas se dirige expresamente a sus lectores [«Pero vosotros, amados, tened memoria» (v. 17)]. Les recuerda la advertencia apostólica que aparecerían tales hombres (vv. 17-19) y los anima a protegerse contra los ataques de la apostasía (vv. 20, 21). Los lectores deben ser maduros en la fe para que puedan rescatar a quienes han sido seducidos o atrapados por el error (vv. 22, 23).

Doxología de Judas (vv. 24, 25)

Judas termina con una de las grandes doxologías de la Biblia. Enfatiza el poder de Cristo para guardar a quienes confían en él de ser arrasados por el error.

Bosquejo de Judas

El libro de Apocalipsis

◆

CLAVES DE APOCALIPSIS

Palabra clave: *Revelación de la Venida de Cristo*

Los propósitos de Apocalipsis dependen en alguna medida de cómo se interpreta el libro como un todo.

(1) El punto de vista *simbólico o idealista* sostiene que Apocalipsis no es una profecía predictiva, sino una descripción simbólica del conflicto entre principios espirituales.

(2) El punto de vista *preterista* (la palabra latina *praeter* significa «pasado») sostiene que es una descripción simbólica de la persecución romana contra la Iglesia, del culto al emperador y del juicio divino contra Roma.

(3) El punto de vista *historicista* enfoca el Apocalipsis como un panorama alegórico de la historia de la iglesia (occidental) desde el primer siglo hasta la Segunda Venida.

(4) El punto de vista *futurista* reconoce la influencia obvia del conflicto entre el poder romano y la iglesia en el primer siglo sobre los temas de este libro. Además acepta el grueso del libro (caps. 4—22) como una visión inspirada del tiempo que precede inmediatamente a la Segunda Venida (ve la Tribulación como de siete años; caps. 6—18), y sigue desde la Venida de Cristo hasta la creación de un nuevo cosmos (caps. 19—22).

Los defensores de los cuatro enfoques a Apocalipsis concuerdan que fue escrito para asegurar a los receptores el triunfo final de Cristo sobre todos los que se levantan contra él y sus santos. Los lectores enfrentaban tenebrosos tiempos de persecución y vendrían tiempos peores. En consecuencia necesitaban ser animados a perseverar y mantenerse firmes en Cristo en vista del plan de Dios para el justo y el malvado.

Versículos clave: *Apocalipsis 1.19 y 19.11*

Capítulos clave: *Apocalipsis 19—22*

Cuando se entiende a cabalidad el propósito de la historia, su impacto afecta radicalmente el presente. En Apocalipsis 19—22 se registra, en términos explícitos, el plan de Dios para los últimos días y para la eternidad.

◆

Autor y fecha

El autor se identifica como Juan (1.4, 9; 21.2; 22.8), un profeta (1.1-4; 22.6-7). Estaba suficientemente familiarizado con sus lectores como para llamarse «vuestro hermano y copartícipe vuestro en la tribulación» (1.9). Indica que fue exiliado a la isla de Patmos (1.9) en la costa occidental de Asia Menor (moderna Turquía), y que un día del Señor (domingo) estaba en el Espíritu (1.10) y tuvo las visiones narradas en su libro. El libro probablemente haya sido escrito durante los últimos años del reinado del emperador Domiciano (81-96 d.C.).

Contribución teológica

El gran tema del libro de Apocalipsis es de dos potencias en guerra, Dios y Satanás y la victoria final de Dios. Sería un error considerar las dos potencias como iguales en poder. Dios es más poderoso que Satanás, y Satanás sigue con sus maquinaciones solo porque Dios se lo permite.

Consideración especial

Una característica peculiar de Apocalipsis es el uso de cuatro, doce y siete. Entre los ejemplos, hallamos cuatro seres vivientes, cuatro jinetes y cuatro ángeles, doce ancianos, doce puertas de la ciudad de Dios, siete iglesias, siete sellos y siete copas. En la literatura apocalíptica tales números representan el carácter de completo y la perfección. Por el contrario, 3 ½ es un número frecuentemente asociado con Satanás (11.2; 13.5; 42 meses o tres años y medio); este número significa un fraccionamiento y disminución de la unidad de Dios. Con esto presente, los 144.000 elegidos no se deben tomar literalmente, sino más bien como representación de la totalidad (12.000 veces 12). Esto quiere decir que ningún mártir dejará de ver la recompensa divina. El número de la bestia, 666 (13.18), probablemente se refiera a Nerón, o más específicamente a la idea de Nerón que regresa vivo para dirigir los ejércitos de Satanás contra Dios.

Síntesis de Apocalipsis

«Las cosas que has visto» (cap. 1)

Apocalipsis contiene un prólogo (1.1-3) antes de la salutación oficial (1.4-8). La revelación fue recibida por Cristo de parte del Padre y la comunicó por medio de un ángel a Juan. Este es el único libro de la Biblia que promete una bendición a quienes lo leen (1.3), pero además promete una maldición a quienes le añadan o quiten (22.18, 19). El saludo y la bendición final muestran que fue escrito originalmente como una carta a las siete iglesias de Asia. Una rica descripción teológica del Dios trino (1.4-8) va seguido por una sobrecogedora teofanía (manifestación visible de Dios) en 1.9-20.

«Las cosas que son» (caps. 2—3)

El mensaje a las siete iglesias se refieren a un aspecto de la visión de Cristo y contiene un mandamiento, un elogio o condenación, una corrección y un desafío.

«Las cosas que han de ser después de estas» (4—22)

Juan es trasladado al cielo, donde se le da una visión de la majestad divina. En ella el Padre («uno sentado en un trono») y el Hijo (León y Cordero) son adorados por los veinticuatro ancianos, los cuatro seres vivientes, y las huestes angélicas por lo que son y por lo que han hecho (la creación y la redención; caps. 4—5).

Los tres ciclos de siete juicios en los capítulos 6—16 lo forman los siete sellos, las siete trompetas y las siete copas. Los siete sellos (6.1—8.5) incluyen guerras, hambrunas y muerte que se asocian con la guerra y la persecución. El inserto entre el sexto y el séptimo sello (cap. 7) describe el sellado protector de 144.000 «hijos de Israel», 12.000 de cada tribu. Además ve la multitud de todas las partes de la tierra que «han venido de gran tribulación». Los hechos catastróficos en la mayoría de los juicios de las trompetas se llaman «ayes» (8.2—11.19).

El interludio profético entre la sexta y la séptima trompeta (10.1—11.14) agrega más detalles acerca de la naturaleza de la tribulación y menciona un cuarto conjunto de siete juicios (los «siete truenos»), que habrían sido explicados si no se hubieran sellado. Dos testigos que no se nombran ministran durante tres años y medio de la tribulación (42 meses o 1260 días). Al final de su ministerio son vencidos por la bestia, pero su resurrección y ascensión confunde a sus enemigos.

En el capítulo 12 una mujer da a luz un hijo varón, que es arrebatado para Dios. La mujer huye al desierto y la persigue el dragón que es arrojado a la tierra.

El capítulo 13 da una descripción gráfica de la bestia y su falso profeta, ambos potenciados por el dragón. La primera bestia recibe la autoridad política, económica y religiosa y es adorada como quien gobierna la tierra. El capítulo 14 contiene una serie de visiones en que se incluye los 144.000 al final de la tribulación, el destino de los que siguen a la bestia y el derramamiento de la ira de Dios.

Las siete copas de la ira del capítulo 16 van precedidas de una

Epístola de Judas

ENFOQUE	Propósito	Descripción de los falsos maestros			Defensa contra los falsos maestros	Doxología
REFERENCIAS	1 ·········· 5 ·········· 8 ·········· 14 ·········· 17 ·········· 24 ·········· 25					
DIVISIÓN	Introducción	Juicio del pasado	Características presentes	Juicio futuro	Deber de los creyentes	Conclusión
TEMA	Motivo para contender				Cómo contender	
	Anatomía de la apostasía				Antídoto para la apostasía	
LOCALIZACIÓN	Desconocida					
TIEMPO	c. 60-80 d.C.					

visión celestial del poder, la santidad y la gloria de Dios en el capítulo 15. Los capítulos 17 y 18 anuncian la caída final de Babilonia, la gran ramera que se sienta sobre una bestia escarlata.

La cena de las bodas del Cordero está preparada y el Rey de Reyes y Señor de Señores dirige los ejércitos del cielo en una batalla contra la bestia y el falso profeta. Son echados en el lago de fuego (19).

En el capítulo 20 el dragón —Satanás— es atado por mil años. Es arrojado en un abismo sin fondo. Durante este período de mil años, Cristo reina sobre la tierra con sus santos resucitados, pero hacia el final de los mil años, muchos que han nacido no quieren someter su corazón a Cristo. Satanás es desatado y comienza la batalla final. A esto sigue el juicio del gran trono blanco.

Es creado un nuevo universo, esta vez sin que sea manchado por el pecado, la muerte, el dolor ni el llanto. La nueva Jerusalén, descrita en 21.9—22.5, estará continuamente llena de luz, pero lo más grande de todo es que los creyentes estarán en la presencia de Dios y verán su rostro.

Apocalipsis concluye con un epílogo (22.6-21), que garantiza a los lectores que Cristo viene pronto.

Bosquejo de Apocalipsis

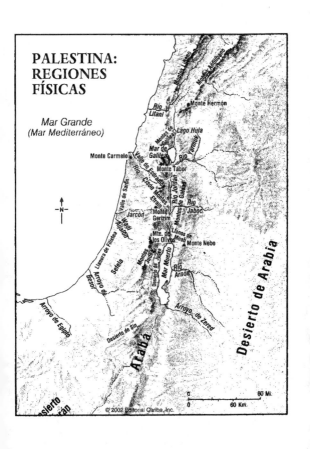

PALESTINA:
REGIONES
FÍSICAS

Mar Grande
(Mar Mediterráneo)

Montes Líbano

Montes Antilíbano

Río
Litani

Monte Hermón

Lago Hula

Montes
Galilea

Río Jeremú

Mar de
Galilea

Monte Carmelo

Río

Valle de Esdraelón

Monte Tabor

Río Cisón

Río

Manas.

Río Jordán

Río Jaboc

Eírón

Montes de Galaad

Jarcón

Monte
Gerizim

Wadi

Valle de Sefla

Wadi

Llanura de Filistea

Jabel

Mte. de
los Olivos

Montes de Judea

Desierto de Judá

Monte Nebo

Llanos de Moab

Montes de Moab

Mar Muerto

Río
Arnón

Arroyo de
Besor

Sefela

Arroyo de
Egipto

Desierto de Arabia

Arroyo de Zered

Arabá

Desierto de Sin

Desierto de Farán

0   60 Mi.
0   60 Km.

© 2002 Editorial Caribe, Inc.

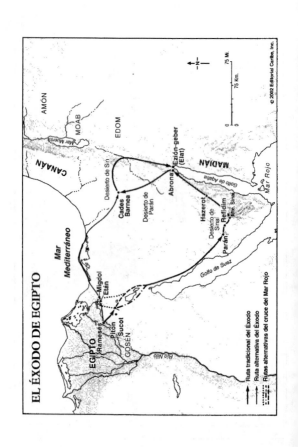

EL ÉXODO DE EGIPTO

Ruta tradicional del Éxodo
Ruta alternativa del Éxodo
Rutas alternativas del cruce del Mar Rojo

© 2002 Editorial Caribe, Inc.

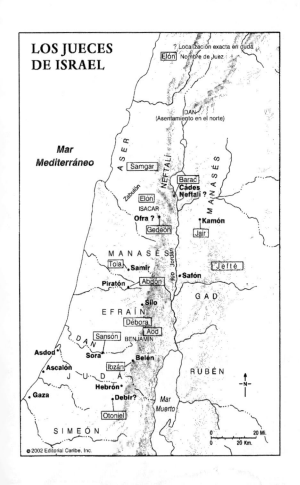

LOS JUECES
DE ISRAEL

? Localización exacta en duda
Elón Nombre de Juez

DAN
(Asentamiento en el norte)

Mar
Mediterráneo

ASER

NEFTALÍ

Samgar

Barac
Cádes
Neftalí ?

MANASÉS

Zabulón

Elón

ISACAR

Ofra ?

Gedeón

Kamón

Jair

MANASÉS

Tola · Samir

Piratón

Abdón

· Safón

Jefté

Río Jordán

· Silo

GAD

EFRAÍN

Débora

Aod

Sansón

BENJAMÍN

Sora ↓

Belén

Asdod ·

· Ascalón

Ibzán

JUDÁ

RUBÉN

Hebrón ·

· Gaza

Debir ?

Mar
Muerto

Otoniel

SIMEÓN

—N—

0   20 MI.
0   20 Km.

© 2002 Editorial Caribe, Inc.

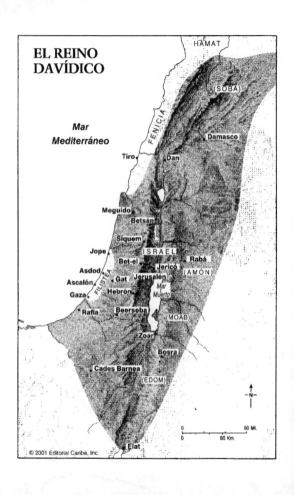

EL REINO
DAVÍDICO

HAMAT

(SOBA)

Mar
Mediterráneo

Damasco

FENICIA

Tiro

Dan

Meguido

Betsán

Síquem

ISRAEL

Jope

Bet-el

Jericó

Rabá

Asdod

Gat

Jerusalén

(AMÓN)

Ascalón

Hebrón

Mar
Muerto

Gaza

FILISTEA

Rafia

Beerseba

(MOAB)

Zoar

Bosra

Cades Barnea

(EDOM)

−N−

0   60 Mi.
0   60 Km.

© 2001 Editorial Caribe, Inc.

Elat

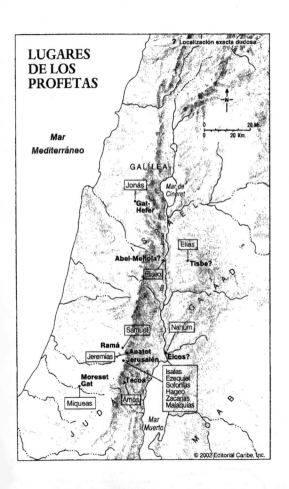

LUGARES DE LOS PROFETAS

? Localización exacta dudosa

N

0   20 Mi.
0   20 Km.

Mar Mediterráneo

GALILEA

Jonás

Gat-Hefer

Mar de Cineret

Elías

Tisbé?

Abel-Mehola?

Eliseo

Samuel

Nahúm

Ramá

Jeremías

Anatot
Jerusalén

Elcos?

Isaías
Ezequiel
Sofonías
Hageo
Zacarías
Malaquías

Moreset Gat

Tecoa

Miqueas

Amós

Mar Muerto

J U D A

M O A B

G A L A A D

© 2002 Editorial Caribe, Inc.

PODER DE BABILONIA EN 560 a.C.

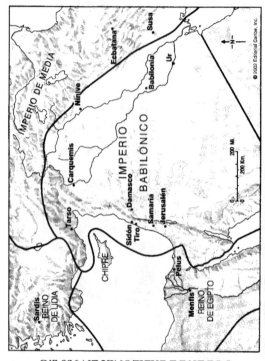

PODER DE PERSIA EN 500 a.C.

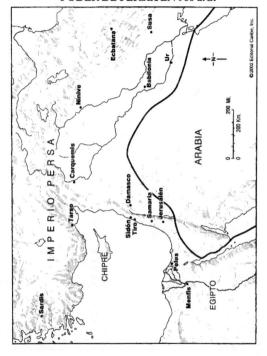

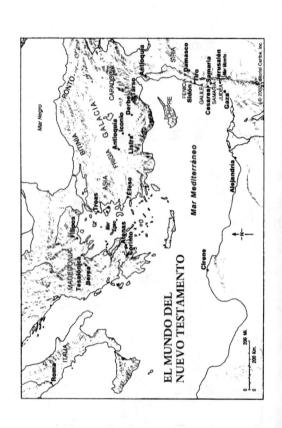

EL MUNDO DEL
NUEVO TESTAMENTO

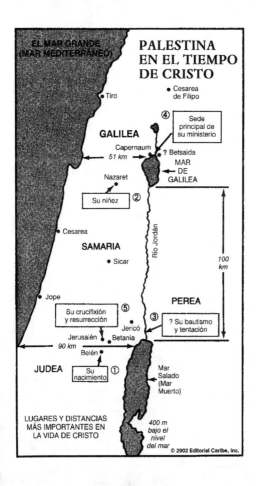

PALESTINA EN EL TIEMPO DE CRISTO

EL MAR GRANDE (MAR MEDITERRÁNEO)

• Tiro

• Cesarea de Filipo

GALILEA

Capernaum
← 51 km →

? Betsaida

④ Sede principal de su ministerio

MAR DE GALILEA

Nazaret

② Su niñez

• Cesarea

SAMARIA

• Sicar

Río Jordán

↕ 100 km

PEREA

• Jope

⑤ Su crucifixión y resurrección

Jericó •

③ ? Su bautismo y tentación

Jerusalén • Betania
← 90 km →

Belén •

JUDEA

① Su nacimiento

Mar Salado (Mar Muerto)

400 m bajo el nivel del mar

LUGARES Y DISTANCIAS MÁS IMPORTANTES EN LA VIDA DE CRISTO

© 2002 Editorial Caribe, Inc.

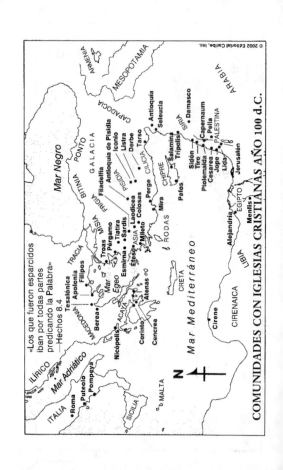

COMUNIDADES CON IGLESIAS CRISTIANAS AÑO 100 d.C.

«Los que fueron esparcidos iban por todas partes predicando la Palabra»
—Hechos 8.4

© 2002 Editorial Caribe, Inc.